**Beatrix Dangl**

Nora Sbaghi, Christa Breiter, Severine Meyer

# DURCHSTARTEN IN FRANZÖSISCH

# FRANZÖSISCH

## FÜR DAS 3. LERNJAHR



VERITAS
LERNHILFEN

**DURCHSTARTEN IN FRANZÖSISCH**, Französisch für das 3. Lernjahr

Verfasserin: Beatrix Dangl

MitarbeiterInnen: Nora Sbaghi, Christa Breiter, Séverine Meyer; Jola Lampe, Wolfgang Rosenthaler

Verfasser der Durchstartübungen: Do-Ri Rydl und Kim da Silva

Diesem Lernhilfebuch ist ein Lösungsheft zu den Übungen beigelegt.

Die Deutsche Bibliothek – CIP-Einheitsaufnahme

**Dangl Beatrix:**
Durchstarten in Französisch : Französisch für das 3. Lernjahr /
Beatrix Dangl. –
Linz : Veritas, 2000
ISBN 3-7058-5148-9
NE: Dangl, Beatrix

2. Auflage (2000)



Lektorat: Klaus Kopinitsch

Layout, Herstellung: Kurt Lackner

Illustrationen: Bruno Haberzettl

Umschlagentwurf: Alexander Strohmaier

Satz: Vogel Medien GmbH, Korneuburg

Druck: Landesverlag Druckservice, Linz

ISBN 3-7058-5148-9

Gedruckt auf umweltfreundlich hergestelltem Papier.

# INHALTSVERZEICHNIS

Franz Wurm ist also mein Name.
Man nennt mich jedoch zumeist Monsieur Ver.

Und das da ist Finver, was soviel wie „Endwurm" bedeutet. Er war einmal ein Teil von mir, aber . . . das ist eine lange Geschichte. Vielleicht erzähle ich sie einmal!

Und schließlich gibt es auch **„dich"** in meinem Buch: Du stellst manchmal Fragen, reagierst auf meine Erklärungen oder trittst irgendwie in Erscheinung – **du** bist so, wie ich mir vorstelle, dass du sein könntest, dennoch ist jede Ähnlichkeit mit lebenden Personen rein zufällig!

Ich möchte mich nun ein wenig vorstellen: Normalerweise leite ich in Cannes eine Sprachschule für Jungwürmer. Doch dieses Buch, das geschrieben wurde, damit du auch im 3. Lernjahr in Französisch so richtig durchstartest, entstand in Paris, wo ich im Moment wohne.

Wie arbeitest du mit **„Durchstarten in Französisch"**?

Jedes Kapitel beginnt mit einem **Erklärungsteil**, der es dir ermöglicht, allein zu lernen und nicht jemanden um Rat fragen zu müssen. Alle Erklärungen sind auf Deutsch, weil ich annehme, dass du sie so besser verstehst.

Mein Vorschlag: Arbeite mit einer **Lernkartei**! Wenn du dieses Symbol am linken Rand siehst, solltest du dir eine Karteikarte anlegen. Du kannst die Karteikarten genauso gestalten, wie sie im Buch vorgegeben sind. Damit schaffst du dir deine Privatgrammatik, in der du immer wieder schnell etwas nachlesen kannst, ohne lange in einem Buch oder einem Schulheft danach suchen zu müssen.

Es besteht aber auch die Möglichkeit, die Kartei als echte Lernkartei anzulegen. Dazu brauchst du einen Karteikasten mit vier Fächern. Auf die Vorderseite der Karteikarte schreibst du nur die Überschriften der einzelnen Grammatikpunkte, auf die Rückseite die Erklärungen bzw. die Regeln.

Am Anfang kommt jede Karte in das erste Fach. Dieses wird täglich bearbeitet: Du nimmst die Karten heraus und überprüfst dein Wissen (oder lässt überprüfen), indem du (laut) sagst, was auf der Rückseite der Karte steht.
Weißt du alles, wandert sie in das zweite Fach, welches du jeden zweiten oder dritten Tag bearbeitest.
Hast du dann noch immer alles im Gedächtnis, darf die Karte in das dritte Fach, das einmal wöchentlich überprüft werden sollte.
Hast du hingegen etwas vergessen, muss die Karte wieder ein Fach zurück. Ist sie schließlich im vierten Fach angelangt, wird sie nur mehr vor Prüfungen bearbeitet.

Hier heißt's überprüfen, ob du die Regeln verstanden hast und anwenden kannst.

à toi

fordert dich auf, es jetzt alleine zu versuchen, nachdem wir oft einen Mustersatz gemeinsam geschrieben haben. Du brauchst nicht alle **Übungssätze** in einem Zug durchzumachen. Überprüfe zwischendurch mit Hilfe des Lösungsheftes deine Ergebnisse. Stimmen sie, kannst du die restlichen Übungssätze zwecks Festigung deines Wissens am nächsten Tag – oder vor dem Schlafengehen – machen. Stimmen sie nicht, musst du nochmal die Erklärungen durcharbeiten, ehe du weiterübst.

P

zeigt dir an, dass du schon mindestens 30 Minuten gelernt hast und eine **Lernpause** unbedingt notwendig ist. Übrigens solltest du am Ende eines Kapitels in jedem Fall eine Lernpause einlegen, auch wenn dich kein Symbol daran erinnert.

Die Vokabeln, die du für die Übungen brauchst, beschränken sich auf Vokabeln, mit denen man häufig konfrontiert wird. Du findest ein **Vokabelregister** am Ende des Buches!

In den ***exercices du chef*** biete ich dir eine Art „Meister-Schluss-Übung" und teilweise auch eine Bewertung deiner Lösungen an. Auf diese Weise beurteilst du dich selbst und siehst, wie weit du den Stoff verstanden hast und die Regeln anwenden kannst.

**TIPP** Manchmal habe ich wertvolle Tipps für dich!

**!** Achtung! Die Sache ist wichtig. Lieber noch einmal durchdenken!

Das **Lösungsheft** verwendest du zum Vergleichen und Verbessern deiner Antworten. Gib auf alle Fälle vor dir selbst zu, was du nicht weißt! Schnell bei den Lösungen nachzusehen und dann so zu tun, als wäre dir die Antwort gerade eingefallen, bringt nichts. Sich selbst zu beschwindeln, ist absolut unsinnig.

Aber das ist eigentlich schon ein Tipp, wie man richtig lernt. Andere **Lerntipps** findest du auf der folgenden Seite und in den einzelnen Kapiteln. Das kann manchmal mehr helfen, als das Lernen für Französisch selbst.

Wenn diese Glühbirne auftaucht, findest du Hinweise, die dein Erinnerungsvermögen unterstützen. Es handelt sich dabei um Grammatikpunkte, die in den Büchern „Durchstarten in Französisch für das 1. bzw. 2. Lernjahr" besprochen wurden.

Ich zeige dir auch eine andere Möglichkeit, deinen Lernerfolg zu steigern. Das Lernen wird dir damit garantiert leichter fallen, vorausgesetzt, du tust mit und übst regelmäßig. Das Ganze beruht auf folgender Erkenntnis: Steigere die Energie deines Körpers, und du steigerst deine Leistungsfähigkeit und damit auch deine Lernleistung. Erlaubtes Doping sozusagen!

Das Tolle daran: Du schaffst das mit einfachen Bewegungsübungen. Ich nenne sie **„Durchstartübungen"**. Sie bringen dich so richtig auf Touren. Sie ermöglichen dir, dass du in kurzer Zeit wesentlich mehr begreifst und dein Wissen bei einer Prüfung auch zur Verfügung hast. Genehmige dir vor und nach den Übungen ein Glas Wasser.

Ich wünsche dir, dass das Üben und Lernen keine Lasten für dich sind, sondern dass es dir Spaß macht, jeden Tag ein bisschen mehr zu wissen!

# *LE HITPARADE* DER LERNTIPPS

**Diese zehn Punkte solltest du beim Lernen beachten:**

**1. Zeitplan**
Trage in einen Kalender alle **Prüfungstermine** ein. Markiere die Tage, die du zum Lernen vor einer Prüfung brauchst. Das schafft Überblick.

**2. Stoffübersicht**
Erstelle eine **Liste der** einzelnen **Prüfungsgebiete**, lass daneben Platz zum Abhaken. Das spornt dich an und gibt dir Übersicht.

**3. Entspannen**
Beginne nicht sofort nach der Schule mit den Aufgaben. Eine einstündige **Entspannungspause** fördert deine Konzentration.

**4. Arbeitsplatz**
Richte dir einen eigenen Arbeitsplatz ein. Auf diesem **ordne übersichtlich** deine Unterlagen.

**5. Aufwärmen**
Verwende dazu unsere Durchstartübungen. **Lerngymnastik** steigert deinen Lernerfolg. Außerdem bist du damit deinen Mitschülern um die berühmte Nasenlänge voraus.

**6. Strukturieren**
Was du gliederst, kannst du besser behalten. **Markiere** Wesentliches **bunt**, mache dir am Rand Notizen.

**7. Pausen**
Nach 30 bis 45 Minuten Lernen lässt deine Konzentration nach. Lege daher eine etwa **10 Minuten** lange Pause ein. In der Pause mache eine Durchstartübung. Nach der Pause schreibst du eine nicht besonders anstrengende Hausaufgabe. Dann erst lernst du weiter. Auch **dein Gehirn liebt** die **Abwechslung**.

**8. Motivieren**
Jeden Tag nach dem Lernen sollte es etwas geben, worauf du dich **freuen** kannst (ein Rendezvous, ins Kino gehen . . .).

**9. Wiederholen**
Beim Wiederholen festigst du den Stoff. Ein heißer Tipp: **Abendwiederholung**. Das Gehirn lernt weiter, während du schon schläfst. Das funktioniert aber nur, wenn du nach der Abendwiederholung dein Gehirn mit nichts anderem mehr belästigst.

**10. Prüfung**
Wenn du ängstlich bist, **„spiele"** zu Hause **Prüfung**. Das macht selbstbewusster, und du gehst gestärkt zur echten Prüfung.

**DIE HINDERNISSE, DIE DU IM BEWUSSTSEIN HAST, TRETEN IN ERSCHEINUNG. ALSO: KAMPF DER GEDANKENWELTVERSCHMUTZUNG!**

# I. RELATIVPRONOMEN – LES PRONOMS RELATIFS

## *QUI/QUE* – WIEDERHOLUNG

**M. Ver:** Na, wie sieht es aus? Könntest du jemandem erklären, wann man *qui* und wann *que* verwendet?

**Toi:** Klar doch. Oma!

**M. Ver:** In der Zwischenzeit beschreibe ich auch noch einmal kurz die Verwendung der beiden Wörter.

Wie du weißt, vertreten die beiden Pro-nomen, wie ihr Name schon sagt, Nomen und stellen zwischen einem Haupt- und einem Gliedsatz (also dem Relativsatz) eine Beziehung (eine Relation) her.

### *QUI*

| | | |
|---|---|---|
| *Tu expliques la grammaire à* ***Mémé.*** | ***Mémé*** | *ne s'y intéresse pas.* |
| *Tu expliques la grammaire à* ***Mémé*** | ***qui*** | *ne s'y intéresse pas.* |
| *Elle préfère* ***ses livres.*** | ***Ses livres*** | *parlent de la théorie de la relativité.* |
| *Elle préfère* ***ses livres*** | ***qui*** | *parlent de la théorie de la relativité.* |

*Qui* ersetzt also weibliche oder männliche Personen und Sachen in der Einzahl (Singular) oder Mehrzahl (Plural).
*Qui* ist das **Subjekt des Relativsatzes**! (Frage im Deutschen: wer?/was?)

## QUE

*Que* ersetzt ebenfalls weibliche oder männliche Personen und Sachen im Singular oder Plural.
Es ist das **direkte Objekt des Relativsatzes**.
(Entspricht meist der Frage im Deutschen: wen?/was?)

| |
|---|
| *Mémé est **une femme**. Tu admires **cette femme**.* |
| *Mémé est **une femme** **que** tu admires.* |

| |
|---|
| *Elle lit souvent **des livres**. Tu ne comprends pas très bien **ces livres**.* |
| *Elle lit souvent **des livres** **que** tu ne comprends pas très bien.* |

K

### Relativpronomen – *les pronoms relatifs* (1)

*QUI:* Subjekt; ersetzt Personen oder Sachen (m./w., Sg./Pl.)
*QUE:* direktes Objekt; steht für Personen oder Sachen (m./w., Sg./Pl.)
*Mémé est une femme qui est gentille et que nous admirons.*

**WEGFALLREGEL bei *QUE*! (Nicht bei *QUI*!)**
*Un livre qui est intéressant . . .*
*Un livre qu'il a acheté . . .*

*Qui* oder *que*?

1. Finver est un ami __________ aime dormir longtemps. Il mène une vie __________ est tout à fait agréable. Le seul travail __________ il fait, c'est de m'aider de temps en temps à écrire mes livres __________ sont vraiment bons et __________ vous devriez utiliser.

2. La photo __________ vous voyez ici, c'est une photo __________ Finver a prise. Elle nous montre une tour __________ a été construite par un monsieur __________ s'appelait Eiffel.

*Rappel:* *C'est une photo* ***que*** *Finver a* ***prise***.

***Accord du participe passé!***

Und warum wird hier übereingestimmt?

***Que*** ist das ***objet direct*** des Satzes und steht **vor dem *participe passé***, das daher in Geschlecht und Zahl mit dem Nomen, auf das es sich bezieht, übereingestimmt wird!

**TIPP** Alles Wissenswerte über die Übereinstimmung des *participe passé* findest du in „Durchstarten für das 1. Lernjahr" ab Seite 109.

**2** Verbinde die Sätze, indem du entweder *qui* oder *que* verwendest. (Achte auf etwaige Übereinstimmungen beim p.p.!)

1. Je vous présente une nouvelle amie. **Elle** habite à Paris.
   Je vous présente une nouvelle amie qui habite à Paris.

**à toi**

2. Hier j'ai revu ma cousine Michelle. **Elle** est photographe.
3. Isabelle habite dans une maison à trois étages. Tu ne connais pas encore **sa maison**.
4. Ils vivent depuis trois ans dans ce pays. **Ce pays** ne leur plaît pas.
5. Voici ma voiture. J'ai acheté **cette voiture** il y a une semaine.
6. Finver aime se promener dans les rues de Paris. Il **les** trouve belles.
7. Mimi nous apporte des spécialités thailandaises. Nous n'avons jamais goûté **ces spécialités**.
8. Ma mère a reçu sa nouvelle armoire. Le menuisier a fait **cette armoire** avec beaucoup d'amour.

*Rappel:* Wenn sich das *qui* auf eine unverbundene, also betonte Form des Personalpronomens bezieht *(moi, toi, lui, elle, nous, vous, eux, elles)*, richtet sich die Personalform nach der jeweiligen Person und Zahl des Personalpronomens!

*C'est* ***moi*** *qui* ***suis*** *le chef ici!*
*C'est* ***vous*** *qui* ***faites*** *ce que je dis.*

**TIPP** Erklärungen dazu findest du auch in „Durchstarten für das 2. Lernjahr", Teil A, Seite 123.

**3** Füge das richtige Pronomen und die richtige Personalform ein:

1. C'est moi ______________________ (aller) au cinéma.
2. Où sont les livres ______________________ (tu, acheter, p.c)?
3. C'est nous ______________________ (casser, p.c.) le beau vase bleu.
4. Pourquoi as-tu jeté les fleurs ______________________ (je, cueillir, p.c.) pour toi?
5. Voici ma fille ______________________ (je, adopter, p.c.)
6. C'est eux ______________________ (transporter, p.c.) l'armoire?
7. C'est vous ______________________ (faire) un tel bruit?
8. Comment as-tu trouvé la pièce de théâtre ______________________ (nous, voir, p.c.) hier?

**P**

## CE QUI/CE QUE – ODER EINE ART WIEDERHOLUNG

Finver: *Il a un coffre-fort dans la salle de bains! C'est tout **ce que** je sais!*

Bandit: ***Ce qui** m'intéresse, c'est le code de . . .*

M. Ver: *Haut les mains! T'es cerné*!*

Bandit: *Sauve qui peut!*
*Je ne supporte*
*pas **ce que** je vois!*
*Tant de vers! Beurk . . .*

M. Ver: Weg ist er!
Dann können wir
weiterarbeiten!

* umzingelt

Die beiden Formen, um die es jetzt geht, heißen ***ce qui*** und ***ce que***.

**TIPP** Du hast sie ebenfalls schon kennengelernt, und zwar im Teil B von „Durchstarten für das 2. Lernjahr" ab Seite 125.

Dort traten sie jedoch nicht unter dem Namen „Relativpronomen" auf, sondern als *pronoms interrogatifs*, als Fragewörter, die eine indirekte Frage einleiten, wenn in der direkten Frage *„qu'est-**ce que**"* und *„qu'est-**ce qui**"* stehen würde.

Zum Glück ist es für dich gleichgültig, wie ein Wort genannt wird, wichtig ist nur, dass du es richtig verwendest! Deshalb werde ich bei den folgenden Erklärungen alle Satzarten zur Hand nehmen, bei denen *ce qui* oder *ce que* gebraucht werden können, egal, welche grammatikalische Funktion sie erfüllen.

**!** *Ce qui* und *ce que* heißen in der deutschen Übersetzung immer **was** und werden bei Sachen verwendet.

***Ce qui* ist das Subjekt des Satzes,**
***ce que* das direkte Objekt.**

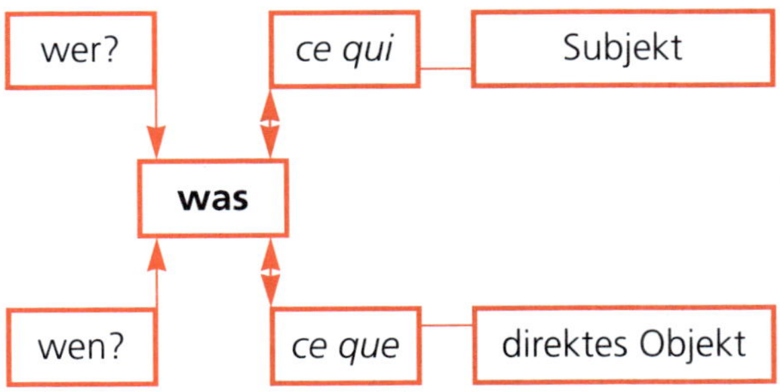

**TIPP** Wenn **„was"** als Subjekt verwendet wird, folgt das Verb (die Personalform)!
Wenn **„was"** als direktes Objekt verwendet wird, folgt das Subjekt!

Ein Beispiel:

***CE QUI***

| | | | |
|---|---|---|---|
| Was den Banditen interessiert, | | | ist der Code meines Tresors. |
| *Ce qui* | *intéresse* | *le bandit,* | *c'est le code de mon coffre-fort.* |
| Subjekt | Verb | dir. Objekt | |

(Die Frage nach dem Subjekt lautet im Deutschen: „Wer oder was interessiert den Banditen?")

**Toi:** Und was ist, bitte, mit dem folgenden Satz? Da kommt doch nicht die Personalform nach *ce qui*, sondern *nous*!

*Ce qui nous intéresse, ce sont les vacances.*

**M. Ver:** Na, was ist damit? Was ist denn das *nous*? Gar das Subjekt? Dann sieh dir mal die Personalform an! Hat die etwa die Endung, die wir für *nous* brauchen, also *-ons*? Nein!

*Nous* ist ein Objektvertreter, der in dieser Eigenschaft **vor** das Verb bzw. vor die Personalform geklemmt wird. Der Satz hat also doch *ce qui* als Subjekt, was man ja, wie du weißt, an der Personalform ablesen kann!

## CE QUE

| Was die Banditen machen, | | | ist verboten. |
|---|---|---|---|
| *Ce que* | *les bandits* | *font,* | *c'est interdit.* |
| dir. Obj. | Subjekt | Verb | |

Bei euch lautet die Frage:
„(Wen oder) was machen die Banditen?"

**!** Hier könnte auch deswegen nicht *ce qui* (das ja Subjekt eines Satzes ist) vorkommen, weil die Personalform *font* eindeutig zu einem Subjekt gehört, das in der 3. Person Plural steht!

**K**

### *Les pronoms relatifs (2)*

*CE QUI:* (deutsch: **was**) Subjekt
*CE QUE:* (deutsch: **was**) direktes Objekt

*Ce qui intéresse le bandit, c'est le code.*
*Ce que Finver lui a dit, c'est la vérité. (Ce qu'il dit . . .)*

Finver: ***Tout ce que je dis****, c'est la vérité!* Alles, was ich sage, ist wahr!

M. Ver: Und was war gestern? Nicht alles, was du sagst, stimmt!
***Tout ce que tu dis n'est pas forcément correct!***

*Ce qui* und *ce que* werden auch oft nach *tout* verwendet, was dann „alles, was" heißt. Die Regeln der Verwendung bleiben gleich:

| | | |
|---|---|---|
| ***Tout ce qui*** | *intéresse* | *Mémé,* |
| Subjekt | Verb | |
| *c'est la théorie de la relativité.* | | |

| | | |
|---|---|---|
| ***Tout ce que*** | *Mémé* | *fait,* |
| dir. Objekt | Subjekt | Verb |
| *c'est lire et apprendre.* | | |

Willst du jedoch ausdrücken, dass **„nicht alles, was . . ."** glänzt, Gold ist z. B., sagst du: *„Tout ce qui brille* ***n****'est* ***pas*** *d'or!"* Das heißt, du verneinst ganz einfach das Verb!

4 Setze *ce qui* oder *ce que* ein!

1. Hier, une amie m'a invité à dîner chez elle ______________ m'a beaucoup plu. Elle m'a présenté son cousin qui est ______________ j'aimerais bien être, un musicien. Dans ma jeunesse, la musique était tout ______________ m'intéressait.
2. Claude ne savait pas ______________ sa femme penserait de son projet. A cause de cela il ne lui a pas dit tout ______________ elle aurait dû savoir.
3. Ma petite amie ne comprend pas ______________ est important pour moi. Tout ______________ l'intéresse, c'est le tennis et l'équitation.
4. Mes élèves font tout ______________ je leur dis. Ils sont très sages et apprennent tout ______________ ils doivent apprendre.
5. Notre voisine observe tout ______________ nous faisons. ______________ lui plaît, c'est de raconter ______________ elle voit chez nous.
6. Finver aime tout ______________ est beau et il s'intéresse à tout ______ est féminin. C'est ______________ m'énerve parfois.

**5** Übersetze:

1. Seine Frau kauft, was ihr gefällt.
2. Hast du alles gefunden, was du suchst?
3. Nach dem Ende des Films weinte sie, und er fragte sie, was sie gesehen hatte.
4. Sie würde gerne wissen, was ihm in Strassburg nicht gefallen hat.
5. Was ich in Paris liebe, das sind die Kaffeehäuser.
6. Nicht alles, was er schreibt, gefällt notwendigerweise *(forcément)* den Leuten.
7. Aber ich, ich mochte, was er schrieb und was er dachte.
8. Hat er endlich gestanden, was er getan hat? *(avouer)*
9. Gestern regnete es, was die Kinder überhaupt nicht störte.
10. Alles, was mich amüsiert, amüsiert auch Finver!

**6** *qui/que/ce qui/ce que?*

1. Finver a repéré une fille __________ lui plaît. Il lui demande __________ elle fait à Paris. Elle dit qu'elle rend visite à son oncle __________ travaille à Paris. Finver veut savoir __________ l'intéresse à Paris.
2. "La plus belle chose __________ j'aie vue, c'est la pyramide du Louvre", dit-elle. Mais elle aime aussi s'asseoir dans le bistro __________ son oncle possède et écouter __________ les clients racontent.
3. Elle aime la cuisine __________ son oncle fait. Lui, __________ vient d'Algérie, fait de bons couscous __________ elle adore.
4. Puis elle demande à Finver __________ lui plaît à Paris. Il rougit et dit: "La plus belle chose __________ j'aie rencontrée, c'est toi."
5. Tu veux savoir __________ me dégoûte? Ce sont les vers __________ vivent ici. Ils sont bêtes et impolis! C'est __________ je n'aime pas.

# A QUI/AVEC QUI/POUR QUI

Finver: Lehnt euch zurück, Leute, und genießt dieses Kapitel! *C'est génial. C'est super simple, vachement facile. Mais voyez vous-même.*

| | | |
|---|---|---|
| *Voilà M. Ver* | *pour qui* | *je ferais tout.* |
| | *avec qui* | *je passe tout mon temps.* |
| | *sans qui* | *je n'aimerais pas vivre.* |
| | *en qui* | *j'ai confiance.* |
| | *à qui* | *toutes les universités s'intéressent.* |

Na, wie lautet die Regel? Du da hinten, ja, du!
Gib sie uns! Sag sie!

Finver: *Je dois tout faire moi-même! Les jeunes d'aujourd'hui, ils ne savent même plus parler clairement.*

Also: Willst du das Relativpronomen, das eine Person vertritt, mit einer Präposition verbinden, so setzt du diese vor *qui*! (Nie vor *que*!) Fertig! Das ist so einfach, dass wenige Beispiele reichen. Du musst nur die richtige Präposition auch finden!

K

**Les pronoms relatifs (3)**

*A QUI, AVEC QUI etc.*
Bei Personen setzt man die jeweilige **Präposition vor *qui***!
*Ma mère à qui je parle, avec qui je me dispute etc.*

7

Setze ein. (Finde auch die passenden Präpositionen!)

1. Voilà M. X. Les clients ______________________ il travaille, sont riches.
2. C'est un avocat ______________________ on peut avoir confiance.
3. Il est l'homme ______________________ j'ai vendu ma vieille voiture.
4. Je connais aussi sa femme ______________________ je joue au tennis.
5. Voilà la personne ______________________ je n'aurais jamais appris à jouer au tennis.

## OU (où)

M. Ver: *Salut, Finver. Ça va?*
*Imagine ce qui s'est passé.*
*J'étais* ***dans un cinéma où***
*l'on pouvait aussi manger! Alors, j'ai commandé une escalope panée.*
*La serveuse me l'a apportée quelques instants avant qu'ils aient éteint la lumière. Je regarde l'écran et* ***au moment où*** *je veux commencer, l'escalope n'est plus là.*
*Comme il faisait sombre, je n'ai pas pu voir qui l'avait prise.*

Finver: *C'est pas vrai! Pauvre François. Va* ***dans la cuisine où*** *tu trouveras une escalope que je t'ai préparée.*

M. Ver: *T'es gentil. Tu travailles un peu pour moi pendant que je mange?*

Finver: *Bien sûr.*

**TIPP** Versuche längere zusammenhängende Texte immer zu übersetzen (auch wenn die Übersetzung von Texten nicht in allen Schulen verlangt wird!) und fasse sie anschließend mündlich zusammen. Vergiss nicht, es laut zu machen! Es ist gut, wenn du dich selbst reden hörst!

Finver: Fans, nun erkläre ich euch etwas total Steiles, weil es da einen echten Unterschied zu eurer Vater- oder Muttersprache gibt!
Habt ihr M. Ver gut zugehört?

Er sagte ***„dans un cinéma où"*** und etwas später ***„au moment où"***.
Wenn ihr also geglaubt habt, ***où*** heißt nur **wo**, habt ihr euch getäuscht!

Die Lösung des Rätsels folgt gleich in Karteikartenform:

**K**

| *Les pronoms relatifs (4)* | |
|---|---|
| ***Où*** kann als Relativpronomen Ortsbestimmungen und Zeitbestimmungen vertreten und wird dementsprechend übersetzt: | |
| *dans un cinéma où on donne . . .*<br>*au moment où il est arrivé . . .* | in einem Kino, in dem . . .<br>in dem Moment, in dem . . . |
| Es kann allein (siehe oben) oder mit einer Präposition stehen! | |
| *le pays* ***d'où*** *je viens . . .*<br>*l'endroit* ***jusqu'où*** *nous allons . . .* | das Land, aus dem ich komme . . .<br>der Platz, bis zu dem wir gehen . . . |

**8** Verbinde nun die Sätze nach folgendem Muster:

1. Je vais vous montrer Paris. J'habiterai **à Paris** pour une année.
   Je vais vous montrer Paris où j'habiterai ...

**à toi**

2. J'aimerais habiter dans le quartier Latin. **Là** se trouve la Sorbonne.
3. La Sorbonne est une université. Les professeurs **de la Sorbonne** sont très exigeants.
4. J'aime me promener dans la rue Mouffetard. **Dans cette rue** je trouve de petits cafés et des restaurants.
5. Je monte dans le métro pour me rendre en cachette aux Folies Bergères. Mais **à ce moment-là** je croise M.Ver. Merde.
6. J'aime aussi le musée d'Orsay. On peut **y** voir une très grande collection de tableaux dont ceux de Monet.
7. On regardait "les coquelicots" de Monet. **A ce moment-là** l'alarme a sonné.
8. Je ne veux plus rester dans notre arrondissement. **Ici** il n'y a que des gens riches et prétentieux.

## *LEQUEL/LAQUELLE/LESQUELS/LESQUELLES*

### NACH PRÄPOSITIONEN AUSSER *A* UND *DE*!

Toi: Finver macht seine Sache schon recht gut. Ich habe nur noch eine Frage:

Was ist, wenn sich **ein Relativpronomen auf Sachen** bezieht und eine **Präposition** braucht? Wenn ich erzählen will, dass das Fahrrad, **mit dem** du mich siehst, seit gestern mir gehört?

M. Ver: Wenn vor dem Pronomen eine Präposition steht und es sich auf Sachen bezieht, verwendest du die **zusammengesetzten Formen des Relativpronomens**. Du sagst: *Le vélo **avec lequel** tu me vois, est à moi depuis hier.*

**!** Neu ist, dass diese Pronomen verändert werden: Sie richten sich in Geschlecht und Zahl nach dem Nomen, auf das sie sich beziehen!

| | Singular | | Plural | |
|---|---|---|---|---|
| Präposition + | männlich | weiblich | männlich | weiblich |
| ***pour/avec*** | ***lequel*** | ***laquelle*** | ***lesquels*** | ***lesquelles*** |

***L'argent avec lequel*** *cette dame a payé est faux.*

*On ne connaît pas* ***la ville dans laquelle*** *elle habite.* (auch *où* möglich)

*Elle portait* ***des jeans sur lesquels*** *il y avait de grandes fleurs.*

***Les bagues pour lesquelles*** *elle a payé dix mille francs avec des faux billets étaient vraiment précieuses.*

Die Formen sind einfach. Wichtig ist „nur", dass du weißt, welches Geschlecht das Wort hat, auf das sich das Pronomen bezieht!

**9** Setze die fehlenden Formen ein:

1. Nous habitons maintenant à Paris. On y trouve beaucoup de parcs dans ______________ Finver aime se promener. Après ses promenades, il cherche des bancs sur ______________ il se repose.
2. A Paris, le métro est une chose sans ______________ on ne pourrait pas vivre. Mais le scooter est le moyen de transport avec ______________ on circule le mieux. C'est la raison pour ______________ j'ai vendu ma voiture. Aujourd'hui, une amie et moi, nous ferons un petit tour avec nos scooters sur ______________ nous avons peint des roses.
3. La Manche est la mer sous ______________ passe l'Euro-Star, le train qui part de Paris et qui arrive à Londres. C'est le train avec ______________ j'aimerais bien voyager.
4. Mon ami avec ______________ j'ai passé de nombreux mois m'a quittée hier. Les raisons pour ______________ il a fait cela demeurent obscures.

**!** Hast du beim 4. Satz „*avec lequel*" geschrieben? Das ist nicht falsch, weil auch bei Personen nach Präpositionen die „zusammengesetzten Formen" stehen könnten. Es ist aber nicht üblich. Deshalb gebe ich in den Lösungen bei Personen nur *qui* an!

Nun folgen nette Übungen für dein gesamtes Relativpronomenwissen!

**10** Übersetze!

1. Finver zeigt mir die Frage, mit der er Probleme hat.
2. Ich möchte Ihnen das Projekt vorstellen, für das ich mich engagiere.
3. Meine Eltern wussten nie, was ich machte.
4. Seine Freunde zeigten ihm das Haus, das sie kaufen würden und in dem sie mit ihren Kindern wohnen wollten.
5. Bring mir das Buch, das auf dem Tisch liegt.
6. Sagen Sie uns, was Sie stört.
7. Ich kenne ein Restaurant, in dem (wo) man dich einlädt, dir in der Küche die Speisen auszusuchen. *(choisir)*
8. Der Mann, mit dem ich gesprochen habe, war sehr erkältet.
9. Sie behandelt ihn in einer Art, die mir nicht gefällt.
10. Die Studentin, bei der Hervé wohnen kann, gefällt ihm.

**11** Verbinde die Sätze nach folgendem Muster:

1. Il n'aime pas l'idée. Nous luttons pour **cette idée**.
   Il n'aime pas l'idée pour laquelle nous luttons.

**à toi**

2. Finver m'a volé mon stylo. Ma mère m'a acheté **ce stylo**.
3. On va rencontrer les amis. L'année dernière, nous sommes allés en vacances avec **ces amis**.
4. Louis est un très bon pianiste. **Il** étudie au Conservatoire de Paris.
5. Vienne est une ville splendide. Nora aimerait **y** rester toute sa vie.
6. Hawaii est une île magique. Je passerai mes vacances sur **cette île**.
7. Finver a revu une amie d'enfance. Il ne **l'**a pas vue depuis 10 ans.
8. Ils se sont vus dans un café. **Ça** lui faisait plaisir.
9. Elle a un grand défaut: elle est bavarde. Finver n'aime pas **cela**.
10. Pourtant elle est une très bonne amie de Finver. Sans **cette amie** il n'aurait pas pu résoudre ses problèmes d'enfance.

Hattest du Schwierigkeiten mit den vielen Objektvertretern? Wenn ja, dann lies alles Wissenswerte in deiner Kartei oder in „Durchstarten für das 1. Lernjahr" ab Seite 70 nach! Das ist ein wichtiges Kapitel!

**TIPP** Gönne dir eine ausführliche **Pause**. Danach gehe in Gedanken alles, was du bisher gelernt hast, durch.

12 Übersetze:

1. das Buch, das ich geschrieben habe, das mir gefällt, mit dem ich viel Geld verdiene, in dem ich mein Leben erzähle
2. die Photos, für die ich viel Geld bezahlt habe, die Finver nicht gefallen, die ich dir schenke, auf denen schon Staub liegt
3. die Region, in der ich wohne, die ich liebe, für die ich mich engagiere, die ich Ihnen zeigen will
4. meine Eltern, die auch hier wohnen, zu denen ich heute gehe, mit denen ich mich gut verstehe, die ich dir vorstellen will
5. Nora, mit der ich mich amüsiere, die in Wien lebt, die wir heute in Paris treffen werden, die viele Übungen schreibt
6. das, was ich nicht sagen mag, was mich interessiert, was mich traurig macht, was mir gefällt

Wenn du keine Fehler gemacht hast, darfst du weitermachen! Sonst wiederhole die Kapitel mit den Pronomen, bei denen du unsicher warst!

Toi: Eine Frage! „Es ist das, **mit dem** ich leben muss." Wie würde man das sagen?

M. Ver: Hier verwendest du das neutrale Relativpronomen ***quoi***.
Es bezieht sich auf Wörter wie **es**, **das**, **etwas**, **nichts**:
***Ce avec quoi*** *je dois vivre.*

Andere Beispiele:

Alles, wofür Finver sich interessiert, ist teuer.
*Tout ce à quoi Finver s'intéresse coûte cher.*

Es gibt nichts, für das er sich interessiert.
*Il n'y a rien à quoi il s'intéresse.*

Das sieht jetzt vielleicht ein bisschen kompliziert aus, aber wenn ein Satz *quoi* verlangt, wirst du es sicher gleich wissen!

## *LEQUEL* ETC. NACH DER PRÄPOSITION *A*

Finver: *C'est la capitale de l'Autriche? C'est Vienne?*

M. Ver: *Non, la ville que tu cherches n'est pas Vienne. Pardon.*
*Tu poses encore une question. Mais c'est la dernière!*

Finver: ***La ville à laquelle** tu penses, c'est la capitale de la France? C'est Paris?*

M. Ver: *Enfin! C'est à ton tour maintenant!*

Finver: *D'accord, moi, je pense à un pays.*

M. Ver: ***Le pays auquel** tu penses, c'est la France?*

Finver: *Oui. Mais comment est-ce que tu sais tout ça si vite?*
*Je ne veux plus jouer avec toi . . .*

M. Ver: Jetzt ist er wieder beleidigt. Na gut, auch recht.

**TIPP** Du kannst dieses Spiel übrigens auch ausprobieren. Du denkst an irgendetwas und dein(e) Partner(in) muss es erraten, indem er/sie Fragen stellt, die du nur mit Ja oder Nein beantworten darfst.

Denkst du dabei an ein weibliches Wort im Singular, sagst du z. B.
***la chose à laquelle** je pense.*

Bei allen anderen Worten verschmilzt die Präposition mit dem ersten Teil des zusammengesetzten Pronomens:

***le pays auquel** je pense*
***les livres auxquels** je pense*
***les chansons auxquelles** je pense*

Das ist einfach, u.a. weil du die Formen *au* und *aux* ja schon von den Artikeln kennst! (Du musst nur wieder genau wissen, welches Geschlecht das Bezugswort hat! Es bleibt dir nicht erspart!)

**13** Setze die richtigen Formen ein.

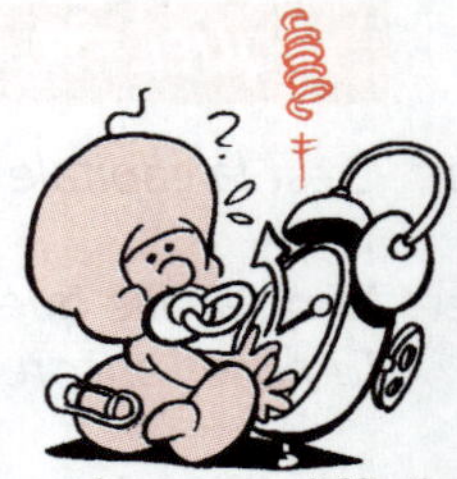

1. Bernadette aime jouer avec les choses __________________ elle n'a pas le droit de toucher. L'objet __________________ elle pense le plus souvent, c'est le réveil de sa mère.
2. Les questions __________________ Finver doit répondre sont difficiles. Elles traitent de la Communauté Européenne _____________ l'Autriche vient d'adhérer.
3. Le peintre __________________ Finver se compare est Picasso.
4. L'exercice __________________ Finver doit s'entraîner concerne la conjugaison. Les règles __________________ il se soumet sont draconiennes:
5. Deux fois par jour une heure de grammaire. "C'est une situation __________ je suis habitué depuis longtemps", déclare Finver. Et il continue: "Ces mots __________________ vous ne voulez pas croire sont vrais!"

**14** Verbinde die Sätze nach folgendem Muster zu Satzgefügen!
*Bonne chance!*

1. Véro est une bonne amie. On peut compter <u>sur elle</u>.
   Véro est une bonne amie sur qui on peut compter.

**à toi**

2. C'est une mesure injuste. Il faut lutter <u>contre cette mesure</u>.
3. Catherine a oublié sa poupée. Elle ne veut pas dormir <u>sans elle</u>.
4. Finver a fait la connaissance de Séverine. Il pense maintenant toujours <u>à elle</u>.
5. Mais Séverine a déjà un petit ami. Elle <u>l'</u>adore.
6. Finver n'a pas de petite amie. <u>Ça</u> le rend triste.
7. Nora possède de nombreux livres de grammaire. Elle tient beaucoup <u>à ses livres</u>.
8. Hans est marié avec une Française. Il ferait tout <u>pour elle</u>.
9. Pendant le concert, un téléphone portable a sonné. Je trouve <u>cela</u> inadmissible.
10. Finver a fait un gâteau. Moi, j'aurais ajouté du sucre <u>à ce gâteau</u>.
11. Jo admire Sylvester Stallone. Il s'identifie sans cesse <u>à Sylvester</u>.
12. Finver et moi, nous connaissons bien le pont Alexandre. <u>Sous ce pont</u> nous avons déjà dormi.
13. Mimi a un beau regard. Je trouve <u>ce regard</u> séduisant.

## *LEQUEL* ETC. NACH DER PRÄPOSITION *DE*

M. Ver: Ich nehme an, du weißt nun schon, worauf du achten musst, wenn du die Präposition ***de*** mit einem zusammengesetzten Pronomen verbinden möchtest.

*de* + *lequel* = ***duquel***
*de* + *laquelle* = ***de laquelle***
*de* + *lesquels* = ***desquels***
*de* + *lesquelles* = ***desquelles***

Das ist klar wie Wassersuppe! Oder?

Neu und für manche Schüler trüb wie ein Moorsee ist jedoch die **Verwendung dieser Formen**.

Sie werden nämlich dann angewandt, wenn *de* in Verbindung mit einer anderen Präposition vorkommt, wenn es sich also um eine **zusammengesetzte Präposition** handelt.

Und was sind zusammengesetzte Präpositionen?

Z. B.

| | |
|---|---|
| *à côté de* | neben, an der Seite von |
| *près de* | nahe bei, neben |
| *en face de* | gegenüber von |
| *au fond de* | hinten in |
| *au cours de* | in (dessen, deren) Verlauf |
| *au milieu de* | in (dessen, deren) Mitte |
| *le long de* | entlang |

Ebenso: *à gauche de, à droite de, au bord de, au bout de* etc.

! „Die Dame, neben der ich sitze, hat ein berauschendes Parfum" heißt:
*La dame **à côté de qui** je suis assis porte un parfum enivrant.*

Auch hier wird ***qui*** verwendet, weil es sich um eine Person handelt.

(. . . *à côté de laquelle* . . . zu sagen, wäre aber auch nicht falsch! Ich wiederhole nur, dass es für dich einfacher ist, dir zu merken, bei Personen *qui* zu verwenden!)

Damit die nächste Übung nicht wieder nur eine Art Überprüfung deines Wissens ist, welches Geschlecht welches Wort hat, gebe ich dir ein paar Wortgruppen zum Übersetzen. (Achtung! Du wirst feststellen, dass sie im Deutschen nicht immer „schön" klingen, da würde man oft eine andere Konstruktion wählen!)

**15** Übersetze. (Es kommen nur die Formen *duquel, de laquelle, desquels* und *desquelles* als Relativpronomen in Frage!)

1. die Kirche, neben der wir wohnen
2. die Straße, in deren Mitte er sein Auto parkt
3. die Häuser, neben denen Kinder spielen
4. die Abenteuer, in deren Verlauf er seine Frau findet
5. das Kino, dem gegenüber Mireille wartet
6. der Park, in dessen Mitte wir uns befinden
7. der Fluss, entlang dem wir wandern
8. die Schule, rechts von der mein Vater arbeitet
9. die Autos, neben denen Finver schläft

**K**

## *Les pronoms relatifs (5)*

*LEQUEL, LAQUELLE, LESQUELS, LESQUELLES*
sind zusammengesetzte Relativpronomen, die

- ✰ nach Präpositionen verwendet werden
- ✰ sich auf Dinge beziehen
- ✰ mit ihrem Bezugswort in Geschlecht und Zahl übereingestimmt werden

*Le tableau pour lequel je cherche un cadre . . .*
*Les tableaux pour lesquels je cherche des cadres . . .*

- ✰ nach **à** kommt es zu folgenden Verschmelzungen bzw. Formen: *auquel, à laquelle, auxquels, auxquelles*
  *Le film auquel je pense . . .*
- ✰ nach **de**: *duquel, de laquelle, desquels, desquelles*
  Verwendung dieser Formen nach zusammengesetzten Präpositionen:

Le cinéma près duquel j'habite . . .

*QUOI* ist ein Relativpronomen, das sich auf unbestimmte Wörter wie *ce, rien, tout ce, quelque chose bezieht.*

*Ce à quoi je pense, tout ce avec quoi il joue . . .*

**16** Füge die fehlenden Pronomen ein. (Wir reden nur von Sachen!)

1. C'était une pièce à la fin ______________ j'ai pleuré.
2. Ce sont les escaliers en bas ______________ Finver t'attend.
3. Les tableaux ______________ M.Ver fait référence se trouvent au musée d'Orsay.
4. La route sur ______________ nous sommes tombés en panne, mène au château de Versailles ______________ se trouve près de Paris.
5. Le supermarché à côté ______________ Manon habite est celui ______________ je préfère et ______________ je vais souvent.
6. L'école ______________ elle fréquente est une sorte d'école maternelle.
7. Les expositions ______________ Béatrice et Sophie ont vues se trouvent au centre Pompidou. Elles n'ont encore jamais vu les toiles en face ______________ elles sont assises maintenant et ______________ les fascinent.
8. Les jeux ______________ Finver participe auront lieu à Cannes.

**TIPP** Beantworte nun, ohne nachzuschauen, folgende Fragen:

1. Wann verwendest du *qui,* wann *que,* wann *quoi*?
2. Woher kommt die Form *auquel* und wann wird sie verwendet?
3. Welche Relativpronomen können nach *en face* stehen?
4. Was ist der Unterschied zwischen *auxquelles* und *à qui*?
5. Wie heißen die zusammengesetzten Relativpronomen?
6. Was ist eine zusammengesetzte Präposition und was bewirkt sie?

## *EXERCICE DU CHEF*

à qui

1. La fille . . . Finver pense tout le temps s'appelle Anne. Il l'a vue la première fois devant le bistro "Chez Maxie" à côté . . . elle habite.
2. Elle vient de Cannes, c'est la ville . . . Finver est né.
3. Quand il est arrivé à Paris, il a tout de suite cherché la tour Eiffel . . . est une attraction . . . tout le monde connaît.
4. La fille . . . il a demandé le chemin, c'était Anne.
5. Elle lui a demandé . . . elle pouvait faire pour lui.
6. Finver lui a dit . . . il cherchait.
7. Elle a sorti un plan de métro avec l'aide . . . elle lui a montré le trajet à suivre. Elle lui a expliqué tout . . . était important pour lui.
8. Finver écoutait les conseils . . . Anne lui donnait, mais il avait du mal à se concentrer, . . . a fait rougir Anne.
9. Puis Anne a proposé d'y aller avec lui. Finver avec . . . Anne avait décidé de voir la Tour Eiffel, était très heureux.
10. Justement, le métro près . . . ils se trouvaient, menait directement à la Tour Eiffel.
11. Le voyage au cours . . . Finver et Anne ont beaucoup discuté, leur a paru bien court.
12. A la Tour Eiffel . . . il y avait déjà un tas de touristes, les deux ont dû faire la queue, . . . leur a permis de discuter davantage.
13. Ensemble ils se sont moqués d'un petit homme . . . criait sans cesse après sa femme. Mais elle ne s'intéressait pas du tout à . . . il disait.
14. En haut de la tour, . . . on a une vue magnifique de Paris, Finver et Anne se sont embrassés. Vive l'amour!

**Auswertung:**
Für jedes richtige Pronomen gibt es 1 Punkt. Du kannst daher 20 erreichen:

20–18 Punkte: Super! Du kannst weitermachen!
17–15 Punkte: Okay. Vielleicht warst du nur zu wenig konzentriert!?
14–12 Punkte: Da gibt es noch etwas zum Wiederholen und Überdenken.
11–. . . Punkte: Mach eine ausführliche Pause, und wiederhole anschließend das Kapitel nochmals!

ALSO WENN IHR MICH FRAGT, IST DAS GENAU DAS RICHTIGE FÜR UNSERE MÜDEN GEISTER!
?
ACHTUNG!
AN ALLE KIDS
CHARLIES
DURCHSTART-
ÜBUNGEN
Beginn:
Gleich auf der nächsten Seite!

# POWERMUDRA

**Müde? Erschöpft? Verzweifelt?**
Das Powermudra gibt dir Kraft für deine Aufgaben:

Du legst Daumen und Ringfingerkuppen zusammen und den Zeigefinger auf das erste Daumengelenk.
Du kannst es auch nur mit rechter oder linker Hand halten.
**Dauer der Übung: mindestens 3 Minuten.** Führe das Powermudra mindestens 6-mal täglich durch.

## Stell dir einmal vor,

du bist Besitzer eines tollen Autos. Es kann schnell fahren, es bringt dich gut und sicher an jedes von dir gewünschte Ziel. Du braust gerade auf der Autobahn dahin, aber plötzlich stottert der Motor. Du drückst stärker aufs Gaspedal, trotzdem wird dein Auto immer langsamer und bleibt sogar stehen. Du kannst nun schimpfen, einen Kopfstand machen, das Auto neu lackieren, die Mitfahrer rausschmeißen – das Auto wird sich keinen Zentimeter bewegen. Wenn dein Auto keinen Treibstoff mehr hat, kannst du tun, was du willst. Du musst das Richtige tun: **TANKEN!** Dann kannst du deine Fahrt fortsetzen und kommst ans Ziel.

Ebenso ist es mit deiner eigenen Kraft. Wenn deine Energie zu niedrig ist, hast du es sehr schwer, eine gute Lernleistung zu erbringen. Von leicht und locker zu schaffen, was Lehrer und Eltern von dir fordern, ganz zu schweigen.
Unlust, Müdigkeit, Ärger oder Verzweiflung breiten sich in deinem Körper aus. Sie zehren an deiner Energie. Wie willst du aber eine Leistung bringen, wenn dein Tank leer ist?

**Daher heißt's auftanken mit dem Powermudra!**

# DONT

Finver: *La vie* ***dont je rêve*** *est calme . . .*
*La seule chose* ***dont j'ai besoin****,*
*ce serait Anne. C'est la fille*
***dont je suis amoureux****.*
*Anne,* ***dont le père est le patron*** *de*
*plusieurs boîtes de nuit à Cannes,*
*est une fille super-sympa . . .*

Wisst ihr nun, wann man *dont* verwendet? Gut. Dann gehe ich jetzt. Ich habe ein *Rendez-vous*! *Saluuut!*

M. Ver: Sehr witzig. Haut einfach ab. Ich bin mir sicher, dass er so schnell verschwunden ist, weil er euch das Kapitel nicht erklären kann.

Also: *Dont* ist ein **unveränderliches Pronomen, das . . .**

Toi: Hurra! Den Satz mit dem Artikellernen könnte ich nicht mehr hören!

M. Ver: . . . das etwas mit der Präposition ***de*** zu tun hat.
Im Prinzip ist es eine Form, die *de qui, duquel, de laquelle* etc. entspricht, aber viel häufiger als diese Formen gebraucht wird.

Am besten erkläre ich dir die Verwendung anhand einiger Beispiele:

Wie du weißt, gibt es bei uns zahlreiche Verben bzw. Ausdrücke, nach denen man *de* verwenden muss:

| | |
|---|---|
| *parler de* | *Je parle d'une jolie femme.* |
| *rêver de* | *Je rêve d'une jolie femme.* |
| *se souvenir de* | *Je me souviens d'une jolie femme.* |
| *s'occuper de* | *Il s'est toujours occupé de jolies femmes.* |
| *se moquer de* | *Il ne se moque jamais d'une jolie femme.* |
| *souffrir de* | *Il souffre de la maladie d'amour.* |
| *mourir de* | *Il est mort de la maladie d'amour.* |
| *profiter de* | *Il profite de son charme.* |
| *se plaindre de* | *Il se plaint d'une jolie femme.* |
| *avoir besoin/envie/peur de* | *Il a besoin/envie/peur d'une jolie femme.* |

Willst du mit diesen Verben nun Relativsätze basteln und z. B. sagen, dass

**„die Frau, von der ich spreche**, hübsch ist“, heißt das: *La femme* ***dont je parle*** *est jolie.*

**Das Leben, von dem Finver spricht**, ist ruhig:
*La vie* ***dont Finver parle*** *est calme.*

Finver kennt viele **Filme, an die ich mich nicht erinnere**.
*Il connaît beaucoup de films* ***dont je ne me souviens pas***.

Vergnügen: das ist alles, was er braucht.
*Le plaisir: c'est* ***tout ce dont*** *il a besoin.*

**!**

> *Dont* bezieht sich auf Sachen, Personen und Wörter wie *ce, rien, tout ce* etc. im Singular oder im Plural und wird nicht verändert!

Toi: Ich hab schon wieder eine Frage. Könnte ich nicht auch *"La femme* ***de qui*** *je parle est jolie"* sagen?

M. Ver: Könntest du, es wäre nicht falsch. Aber hier ist leider *de qui* nicht wirklich üblich. In diesen Fällen verwendet man hauptsächlich *dont*, egal, auf wen oder was es sich bezieht!

**17** Übersetze. (Achtung! Nicht immer musst du *dont* verwenden! Ich gebe daher nicht an, welche Präposition das jeweilige Verb verlangt!)

1. Das Haus, um das ich mich kümmere . . . *(s'occuper)*
2. Die Leute, von denen ich dir erzählt habe . . . *(parler)*
3. Die Leute, mit denen ich geredet habe . . . *(parler)*
4. Der Aufenthalt, von dem er viel profitiert hat . . . *(profiter)*
5. Die Krankheit, an der er leidet . . . *(souffrir)*
6. Die Dinge, an die ich denke . . . *(penser)*
7. Das Auto, von dem wir träumen . . . *(rêver)*
8. Die Situation, über die ich mich beschwere . . . *(se plaindre)*
9. Die Rollen, die ich spiele . . . *(jouer)*
10. Die Frau, für die ich mich interessiere . . . *(s'intéresser)*

Wie ist es dir ergangen? Gut? Damit es noch klarer wird, kommt nun gleich eine Einsetzübung. (Achtung! Alles ist möglich!)

18

Setze die fehlenden Pronomen ein:

1. C'est le film *que* nous avons vu hier.
   nous faisait extrêmement peur.
   tout le monde parle.
   a remporté le prix du meilleur film d'horreur.

2. C'est la voiture nous avons besoin.
   je rêve depuis des années.
   coûte beaucoup d'argent.
   ne marche pas.
   il aime beaucoup.

3. Ce sont mes amis je ne me plains jamais.
   je vais voir ce soir.
   sont vraiment sympas.
   je t'ai déjà parlé.
   je téléphone chaque jour.
   Finver se moque de temps en temps.

P

So wie es Verben gibt, die eine Ergänzung mit *de* verlangen, haben wir auch Adjektive, die dies tun, d. h. nach denen *de* stehen muss. (Oft wollen sie jedoch im Deutschen ganz andere Präpositionen!)

| | |
|---|---|
| *être amoureux de* | verliebt sein in |
| *être content de* | zufrieden sein mit |
| *être fier de* | stolz sein auf |
| *être heureux de* | glücklich sein über |

Beispiele gefällig?

*Finver me montre une fille. Il est amoureux* ***de cette fille****.*

*Finver me montre une fille* ***dont*** *il est amoureux.*

*Voilà un tableau de Finver. Il* ***en*** *est content. (en = du tableau!)*

*Voilà un tableau de Finver* ***dont*** *il est content.*

19 Verbinde die Sätze zu Satzgefügen.

1. Elle parle de notre première voiture. Je ne me souviens plus **de cette voiture**.
   Elle parle de notre première voiture dont je ne me souviens plus.

**à toi**

2. Madame Duval me présente son gendre. Elle est très fière **de lui**.
3. Finver a brûlé un tableau. Je me suis moqué **de ce tableau**.
4. Ils se sont acheté la maison rose. Ils rêvaient **de cette maison**.
5. C'est une bonne idée. Il m'a parlé **de cette idée** hier.
6. Finver était un élève studieux. L'institutrice était satisfaite **de lui**.
7. Je me souviens de cette actrice. Mon père parlait souvent **d'elle**.
8. Voici la femme de sa vie. Il est follement amoureux **d'elle**.
9. Ils ont adopté deux enfants du Pérou. Ils s'occupent bien **d'eux**.
10. Finver, apporte-moi les clous. J'**en** ai besoin.

Diese Verwendungsart ist die vielleicht eigenartigste, nicht nur weil die Wortstellung ganz und gar nicht der des Deutschen entspricht, sondern weil man solche Wendungen im umgangssprachlichen (bzw. gesprochenen) Deutsch nicht häufig benützt. Aber sieh selbst:

Stell dir vor, Finver betätigt sich seit kurzem als Maler, und ich sage folgenden Satz:

| | | |
|---|---|---|
| Finver, | **dessen Bilder** Subjekt! | nicht schön sind, arbeitet viel. |
| *Finver* | ***dont les tableaux*** | ***ne sont pas beaux*** *travaille beaucoup.* |

*Dont* bezieht sich hier also auf Finver:
die Bilder von Finver (Finvers Bilder) = dessen Bilder
Da diese Bilder das **Subjekt des Relativsatzes** sind, sagt man:
*dont les tableaux.*

Ebenso funktioniert der Satz:

| | | |
|---|---|---|
| Kennst du noch Mimi, | deren Schönheit<br>Subjekt | mich immer faszinierte? |
| *Tu connais encore Mimi* | ***dont la beauté*** | ***me fascinait** toujours.* |

Ist das klar? Dann auf zur nächsten Möglichkeit:

| | | | | | |
|---|---|---|---|---|---|
| Finver, | dessen Bilder<br>Objekt | ich<br>Subjekt | nicht immer mag, findet sich genial. | | |
| *Finver* | ***dont*** | *je* | *n'aime pas toujours* | ***les tableaux*** | *se trouve génial.* |

Obwohl sinngemäß „dessen Bilder" zusammengehört, findest du es hier getrennt *(**dont** je n'aime pas **les tableaux**)*, weil die Wortfolge: ***dont* – Subjekt – Verb – Ergänzung** bestehen bleibt.

| | | | | |
|---|---|---|---|---|
| *Finver* | ***dont*** | ***les tableaux*** | *sont* | *moches . . .* |
| *Finver* | ***dont*** | *je* | *n'aime pas* | ***les tableaux** . . .* |
| | *dont* + | Subjekt + | Verb | Ergänzung |

Und damit du merkst, dass das eigentlich gar nicht kompliziert ist, gleich noch andere Beispielsätze!

*Je vais souvent dans le café. Je connais bien le patron **de ce café**.*

*Je vais souvent dans le café **dont je** connais bien **le patron**.*
Subjekt

(Ich gehe oft in das Kaffeehaus, **dessen Besitzer ich** gut kenne.)

*Le patron s'appelle Gérard. **Sa fille** (= la fille de G.) est ravissante.*

*Le patron **dont la fille** est ravissante s'appelle Gérard.*
Subjekt

(Der Besitzer, **dessen Tochter** entzückend ist, heißt Gérard.)

**!** Bei diesen Konstruktionen kann vor dem Nomen, das zu *dont* gehört, nur der bestimmte Artikel stehen! Es darf sich kein besitzanzeigender Begleiter dazwischendrängen! *(. . . dont je connais* ***le*** *patron.)*

**20** Verbinde die Sätze mit *dont.*

1 Voilà M.Roi. Sa femme est une amie de Mimi.
2. J'ai vu Mimi. J'aime bien ses yeux.
3. Voilà Mimi. Ses yeux sont presque noirs.
4. Les Malin vont sortir ce soir. Nora va garder leurs enfants.
5. Je vais rencontrer Nora. Ses parents habitent à Paris.
6. Je cherche une maison. Ses chambres doivent être larges.
7. On attend Patrice. Nous allons fêter son anniversaire.
8. Moi, je n'aime pas M. Jackson. Mon père connaît toutes ses chansons.

**21** Übersetze.

1. Das ist ein Freund, dessen Eltern in Mexiko leben.
2. Das ist ein Freund, dessen Eltern du auch kennst.
3. Das ist ein Freund, dessen Schwester sehr hübsch ist.
4. Das ist ein Freund, dessen Schwester mich bewundert. *(admirer)*
5. Finver ist ein Maler, dessen Bilder mir nicht gefallen.
6. Finver ist ein Maler, dessen Bilder niemand kauft.
7. Das sind Herr und Frau Meyer, deren Tochter Séverine heißt.
8. Das sind Herr und Frau Meyer, deren Tochter ich gut kenne.
9. Sie hat einen Freund, dessen Name Henri ist.
10. Sie hat einen Freund, dessen Auto wirklich alt ist.

**K**

### *Les pronoms relatifs (6)*

*DONT*

1. als Ergänzung zu einem Verb, das die Präposition *de* verlangt:
   *Je rêve d'une voiture. Elle est bleue: La voiture dont je rêve . . .*

2. als Ergänzung zu *être + adjectif*:
   *Je suis content de mon assistante. Elle s'appelle Véro.*
   *Mon assistante dont je suis content s'appelle Véro.*

3. als Ergänzung zu einem Nomen (ohne Präposition)
   in der Bedeutung von dessen/deren:
   *Le café* ***dont le propriétaire*** *s'appelle Gérard . . .*
   *Le café* ***dont*** *je connais* ***le propriétaire*** *. . .*

Wortfolge beachten!
*DONT* – SUBJEKT – VERB – ERGÄNZUNG

**P**

Toi: Und schon wieder ist eine Frage aufgetaucht: Warum steht bei der letzten Verwendungsmöglichkeit immer „als Ergänzung zu einem Nomen **ohne Präposition**"? Was bedeutet das?

M. Ver: Sieh dir folgende Sätze an:

1. Das Haus, **dessen Dach** gelb ist, . . .
2. Das Haus, **auf dessen Dach** ein Storchennest ist, . . .

Im ersten Satz ist „dessen Dach" Subjekt des Relativsatzes. „Dessen" ist daher die **Ergänzung zu einem Nomen ohne Präposition**, ohne Vorwort. (Ist ja klar, ein Subjekt kann kein Vorwort haben!)

Übersetzt heißt der Satz daher: *La maison* ***dont le toit*** *est jaune . . .* (Alter Hut! Oder?)

Im zweiten Satz hingegen hat das „Dach" die Präposition „auf": „auf dessen Dach". „Dessen" ist also **Ergänzung zu einem Nomen mit Präposition**, weshalb der Satz so übersetzt wird:
*La maison* ***sur le toit de laquelle*** *il y a un nid de cigogne . . .*

Man verwendet also die Formen *duquel, de laquelle, desquels* und *desquelles*, je nach Geschlecht und Zahl des Wortes, auf das sich „dessen/deren" bezieht. *(la maison . . . de laquelle)*

Aber glaub mir, du darfst das im Moment wieder vergessen. Es reicht, wenn du die anderen Möglichkeiten beherrscht!

22

Verbinde folgende Sätze, indem du *dont* verwendest.

1. Mehdi m'a donné l'adresse d'un hôtel. Je cherche l'hôtel.
   Je cherche l'hôtel dont Mehdi m'a donné l'adresse.

à toi

2. La maison est une synagogue. La porte de la maison est ouverte.
3. C'était un de mes élèves. J'ai oublié son nom.
4. Séverine prend souvent l'avion pour rentrer. Son frère est pilote.
5. Finver est un peintre. Ses tableaux n'ont pas de succès.
6. Je vais te donner un livre. Je te conseille la lecture de ce livre.
7. Les chaussures sont trop petites. Leur couleur me plaît.
8. Alain a visité plusieurs fois le Mont-Saint-Michel. Les parents d'Alain habitent en Bretagne.
9. J'aime Paris. Je connais déjà toutes ses curiosités.
10. Finver aime vivre à Paris. Ses grands parcs lui plaisent le plus.

**23** Übersetze:

1. Ich spreche von meiner Assistentin, deren Eltern im Elsass leben.
2. Die Assistentin, von der ich spreche, heißt Séverine.
3. Wir schauen einen Film an, dessen Ende traurig ist.
4. Ich möchte in einer Stadt leben, deren Straßen immer sauber sind.
5. Er verkauft mir ein Auto, auf das ich stolz sein werde.
6. Das Mädchen, in das du verliebt bist, ist sehr nett.
7. Stell mir das Mädchen vor, deren Freundinnen Spanisch sprechen.
8. Ich schreibe ein Buch, dessen Held euch gefallen wird.

**24** Setze die richtigen Pronomen ein. *(qui/que/dont/lequel/duquel)*

1. C'est le restaurant dans ____________________ on mange très bien.
2. Nous allons dans un bar ____________________ la porte est surveillée par deux mecs.
3. Ce sont des types ____________________ je n'apprécie pas.
4. On ne laisse pas entrer Finver ____________________ ne porte pas de cravate.
5. Nous allons au Moulin Rouge ____________________ on aime bien les shows.
6. Vers minuit nous sortons du Moulin Rouge près ____________________ se trouve la "LOCO", une discothèque.
7. Nous nous dirigeons vers cette boîte ____________________ tous les jeunes connaissent.
8. Mais à sa porte, le videur se moque de Finver ____________________ le costume rappelle celui de John Travolta dans un vieux film.
9. Le ticket d'entrée pour ____________________ nous avons payé cent vingt francs, nous permet de consommer une boisson alcoolisée.

PAUSE

**25** Setze die fehlenden Pronomen ein. (Alle sind möglich!)

1. C'est M. X *qui* habite une maison formidable.
   on voit souvent avec son garde du corps.
   le fils fait ses études à la Sorbonne.
   les quatre voitures sont des Rolls Royce.
   apparaît souvent dans la presse du coeur.
   la fille est extrêmement belle et intelligente.
   ne va pas me permettre de sortir avec elle.
   je suis seulement le comptable.

2. C'est Eve . . . sort chaque jour.
   nous a téléphoné hier.
   Gilles est amoureux.
   avec . . . nous aimons sortir.
   nous connaissons depuis longtemps.
   j'ai fait la connaissance à Vienne.
   j'aide beaucoup.
   je m'intéresse beaucoup.

3. Ce sont des problèmes nous discutons souvent.
   sont assez sérieux.
   elle pense toujours.
   à cause . . . elle est triste
   les rendent dépressifs.
   personne ne veut avoir.
   je connais les solutions.
   Finver ne s'occupe pas.

4. C'est l'appartement j'ai besoin.
   je rêve depuis des années.
   coûte beaucoup d'argent.
   Finver ne va pas aimer.
   près . . . il y a mon école.

5. C'est un garçon le père de Manon déteste.
   a toujours de bons résultats au lycée.
   la soeur est ma meilleure amie.
   je demande souvent des conseils.
   je connais depuis 5 ans.
   nous aidons.
   nous aide.
   j'ai acheté un cadeau.
   vous ne connaissez pas le voisin.

26 Verbinde folgende Sätze, indem du passende Relativpronomen verwendest!

1. C'est une histoire difficile. Je pense souvent à cette histoire.
   C'est une histoire difficile à laquelle je pense souvent.

à toi

2. Finver se sert d'un objet.
   L'objet est un rasoir pour les vers.

3. Vous avez une bonne réputation.
   Vous risquez cette réputation!
4. Séverine téléphone chaque jour à Henri. Cela coûte cher.
5. Les plages de Nice sont petites. Au bord de ses plages viennent s'échouer des méduses.
6. Nathalie parle très bien l'arabe. Je partirai avec elle en Egypte.
7. Hier j'ai fait la connaissance de Roma. Elle vient de Pologne.
8. Emine est la meilleure amie de Nora. Emine a souvent des fous rires incontrôlables.
9. Le drapeau français est tricolore. Le blanc de ce drapeau représente la fleur de Lis, emblème de la royauté.
10. Michelle est bilingue. Sa mère est australienne.
11. Mes amis anglais sont enfin venus me rendre visite. Je leur ai envoyé plusieurs invitations.
12. Paul a une prononciation française parfaite. Finver lui donne des cours particuliers.
13. L'Autriche se trouve au cœur de l'Europe. Sa capitale est Vienne.
14. Le cidre est une spécialité de la Bretagne. J'adore le cidre.
15. Hier il y a eu une grande fête chez nous. Au cours de cette fête Finver a présenté ses tableaux.

Bevor wir nun zu den Übungen für die Chefs kommen, biete ich dir – nach einer Pause! – schnell eine übersichtliche Zusammenfassung aller Relativpronomen!

**K**

| *Les pronoms relatifs* (zusammenfassende Übersicht) | | |
|---|---|---|
| | Personen | Sachen |
| Subjekt | ***qui*** | |
| direktes Objekt | ***que*** | |
| mit allen Präpositionen (außer *de* und *à*) | ***avec qui*** | ***avec lequel/ laquelle*** etc. ***(avec quoi)*** |
| mit *à* | ***à qui*** | ***auquel/à laquelle/ auxquels/auxquelles (à quoi)*** |
| mit *de* | | |
| ☆ als Ergänzung zum Verb | ***dont*** | |
| ☆ als Ergänzung zu *être + adjectif* | ***dont*** | |
| ☆ als Ergänzung zu Nomen (ohne Präposition) | ***dont*** | |
| zusammengesetzte Präpositionen mit *de* | ***duquel/ de laquelle etc.*** | |

*Marie qui est gentille . . ./Ce livre qui est intéressant . . .*
*Marie que nous aimons bien . . ./Ce livre que je trouve intéressant . . .*
*Marie avec qui je sors . . ./Ce livre pour lequel j'ai beaucoup travaillé . . .*
*(C'est tout ce avec quoi je veux vivre.)*
*Marie à qui je pense souvent . . ./Le livre auquel je pense . . .*
*(Le livre, c'est tout ce à quoi il pense.)*
*Marie dont je parle souvent . . ./Le livre dont je parle souvent . . .*
*Marie dont il est amoureux . . ./Le livre dont je suis content . . .*
*Marie dont les parents habitent . . ./Le livre dont les images sont belles . . .*
*Marie dont je connais le frère . . ./Le livre dont je suis l'auteur*
*Marie en face de qui j'habite . . ./Le livre à côté duquel tu trouves Finver . . .*

## *EXERCICE DU CHEF 1*

1. Sylvie me présente sa soeur

avec — elle s'entend bien.
elle n'aime pas trop le mari.
les enfants sont très mignons.
est institutrice.
les parents sont fiers.
à côté . . . — un acteur connu habite.

2. Finver est monté dans une voiture

l'attendait.
la porte gauche était écrasée.
je ne connaissais pas le conducteur.
près . . . — un homme observait la rue.
était rose.
on cherche maintenant.

3. Elle a divorcé d'avec son mari

n'est jamais rentré après le travail.
elle a toujours servi les repas.
elle n'a pas connu le salaire.
s'est acheté des voitures de sport.
elle n'aimait plus le comportement.

4. Ils quittent la maison

ils ont vécu pendant dix ans.
ils ont achetée il y a dix ans.
le père va habiter seul maintenant.
derrière . . . — il y a un grand jardin.
ils aiment bien le jardin.
le jardin est vraiment beau.

5. Voilà ma bibliothèque

est très grande.
dans . . . — se trouvent 3302 livres.
j'ai hérité de ma grand-mère.
commence à être mangée par un ver.
j'ai toujours rêvé.

**Auswertung:**
Für jedes richtige Pronomen gibt es 1 Punkt! (Maximale Punktezahl: 28)
28–26 Punkte: Toll!
25–22 Punkte: Gut gemacht, aber doch nicht sehr gut! Noch ein bisschen üben!
21–18 Punkte: Den Großteil scheinst du verstanden zu haben. Was noch nicht?
17–14 Punkte: Eine genaue Wiederholung bleibt dir leider nicht erspart!

### *EXERCICE DU CHEF 2*

(Text für Fortgeschrittene)

Setze die fehlenden Pronomen ein.

1. Finver __________ vous connaissez déjà la nature particulière a enfin trouvé une auto-école __________ accepte les vers et dans __________ il prend des leçons de code et de conduite.
2. Le moniteur avec __________ il apprend à conduire et __________ le nom est M. Bagnol est très patient. De plus, c'est un homme ______ la fille est une de mes élèves __________ est très douée.
3. Finver n'est pas très doué, mais il écoute attentivement __________ M. Bagnol lui dit et il suit les instructions __________ il lui donne.
4. Les choses __________ il doit faire attention, ce sont les feux rouges et les stops devant __________ on doit s'arrêter.
5. Il doit aussi se méfier des policiers __________ on ne peut pas toujours être sûr s'ils sont des amis __________ veulent t'aider quand ils t'arrêtent.
6. Après plusieurs leçons au cours __________ Finver se montre bon élève, il se présente chez inspecteur __________ lui délivre son permis de conduire, __________ le rend très fier.
7. Enfin il peut s'offrir le véhicule __________ il pensait depuis longtemps: un cabriolet __________ il ne me dit pas le prix.

**Auswertung:**

Für jedes richtige Pronomen gibt es wieder 1 Punkt! (Maximal 18 Punkte)

18–16 Punkte: Super! Das Kapitel ist in deinem Gehirn verankert!

15–12 Punkte: Eine kleine Wiederholung mit Hilfe der Karteikarten (Seiten 10, 14, 17, 18, 26, 36) in ein paar Tagen wäre wichtig.

11– 9 Punkte: Ganz klar scheint dir noch nicht alles zu sein. Wiederhole noch einmal die Kapitel, die dir noch Schwierigkeiten machen!

8–. . . Punkte: Mach dir nichts draus. Schlaf drüber und beginne dann mit einer ausführlichen Wiederholung des gesamten Kapitels!

# ERDKNÖPFE UND RAUMKNÖPFE

**Du liest etwas, kannst es dir aber nur schwer merken?**

Halte deine Erdknöpfe:

Du berührst mit je zwei Fingern der einen Hand den Rand deines Schambeins und mit zwei Fingern der anderen Hand den Punkt unterhalb der Unterlippe.

**Dauer der Übung: 2 Minuten.**

**Passieren dir Fehler beim Abschreiben von der Tafel?**

Halte deine Raumknöpfe:

Du berührst mit zwei Fingern der einen Hand das Steißbein. Es befindet sich am unteren Ende der Wirbelsäule. Mit zwei Fingern der anderen Hand berührst du den Punkt oberhalb der Oberlippe.
Die Erdknöpfe und Raumknöpfe kannst du auch sanft massieren.

**Dauer der Übung: 2 Minuten**

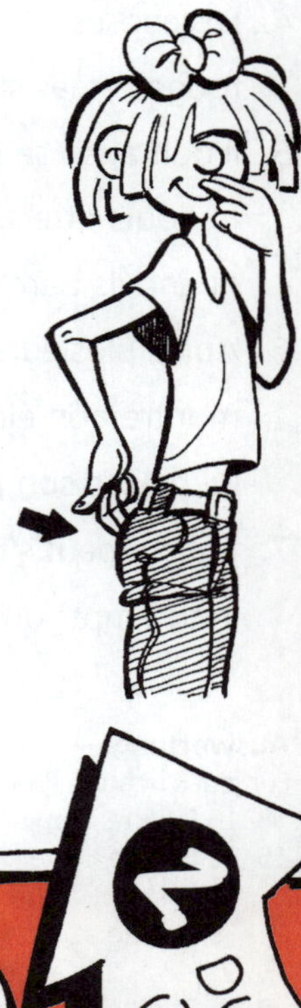

# II. INFINITIVKONSTRUKTIONEN

In diesem Band geht es wiederholt um französische Spezialitäten, zu denen auch die Infinitivkonstruktionen gehören.

Finver: Und der Cognac, das Rezept für eine Quiche und unser Käse.

M. Ver: Finver beliebt zu scherzen. Wie nett.

Beginnen will ich mit den ganz einfachen Konstruktionen, die du schon aus „Durchstarten für das 1. Lernjahr" kennst. (Du findest sie dort ab Seite 80, 131 und 143)

## INFINITIVKONSTRUKTIONEN NACH *VOULOIR, DEVOIR, POUVOIR, SAVOIR, ALLER*

| | | | | | | | | |
|---|---|---|---|---|---|---|---|---|
| *je* | *veux* | *dormir* | *je* | *ne* | *veux* | *pas* | *dormir* |
| *je* | *dois* | *dormir* | *je* | *ne* | *dois* | *pas* | *dormir* |
| *je* | *peux* | *dormir* | *je* | *ne* | *peux* | *pas* | *dormir* |
| *je* | *vais* | *dormir** | *je* | *ne* | *vais* | *pas* | *dormir* |
| *je* | *sais* | *parler chinois* | *je* | *ne* | *sais* | *pas* | *parler chinois* |

*Rappel:* * *Je vais dormir* heißt „ich werde schlafen" und ist eine besondere Art, die Zukunft zu bilden, das sogenannte *futur composé*.

Kommen bei diesen Konstruktionen auch Objektvertreter vor, stehen diese normalerweise nicht vor der Personalform, sondern vor dem Infinitiv.

| | | | |
|---|---|---|---|
| *Je veux* | *te voir.* | *Je ne veux pas* | *te voir.* |
| *Je dois* | *le lui donner.* | *Je ne dois pas* | *le lui donner.* |
| *Je peux* | *te le montrer.* | *Je ne peux pas* | *te le montrer.* |
| *Je vais* | *y aller.* | *Je ne vais pas* | *y aller.* |
| *Je sais* | *le dire.* | *Je ne sais pas* | *le dire.* |

# DER INFINITIV OHNE PRÄPOSITION

Finver: *François?*
***J'aimerais te parler.***

*Hier j'ai rencontré une jolie femme qui **a juré être** une vieille amie.*

*Elle ne voulait pas rester à la gare, **elle a préféré boire** un petit coup au bistro.*

*Après, elle m'a dit qu'**elle comptait ouvrir** un petit magasin mais qu'elle n'avait pas assez d'argent.*

*Quand **je l'ai vue pleurer**, je lui ai donné tout ce que j'avais dans . . . ton porte-monnaie, environ 20.000 francs.*

***Elle a déclaré être** sauvée, elle m'a embrassé et elle a dit qu'**elle espérait me revoir** bientôt et qu'elle me téléphonerait.*

*Mais elle n'a pas mon numéro . . . et je ne connais pas son nom.*
*François, je crois qu'elle m'a dupé* (= betrogen)*!*

M. Ver: *Finver, qu'est-ce que tu as fait?*
*Tu es tombé dans le panneau de cette . . . femme.*
*Et **tu oses paraître** devant moi? Va-t-en, je ne veux plus te voir!*

Hast du das mitbekommen? Lässt sich einfach ausnehmen von so einem Weibsstück. Wenn ich nicht so viel zu tun hätte, würde ich . . .

Wenigstens hast du in Finvers Geständnis schon ein paar Beispiele für „Infinitiv ohne Präposition" gesehen.

Lies dir den Text nochmals durch und versuche, die Infinitivkonstruktionen zu übersetzen! Du wirst sehen, dass du dabei im Deutschen manchmal Gliedsätze verwenden musst! Da spürst du dann schon etwas von der „französischen Spezialität"!

Jetzt werde ich dir eine Liste von Verben bieten, an die man den Infinitiv hängt, ohne eine Präposition verwenden zu müssen.
Ich hab dir diejenigen herausgesucht, von denen anzunehmen ist, dass du sie schon kennst und auch verwendest, wenn du redest oder etwas schreibst.

K

## INFINITIV (1)
## Der Infinitiv ohne Präposition steht

| |
|---|
| ☆ nach den modalen Verben:<br>***vouloir, devoir, pouvoir, savoir*** |
| ☆ nach ***oser*** (wagen)<br>***se rappeler*** (sich erinnern) |
| ☆ nach Verben des „Wünschens" wie:<br>***aimer, aimer mieux***<br>***désirer, souhaiter*** (wünschen)<br>***espérer*** (hoffen)<br>***préférer*** (vorziehen) |
| ☆ nach Verben des Glaubens, Beabsichtigens:<br>***compter*** (beabsichtigen)<br>***croire*** (glauben)<br>***penser*** (beabsichtigen, meinen)<br>***s'imaginer*** (sich vorstellen) |
| ☆ nach Verben des Sagens, Behauptens:<br>***admettre, avouer*** (zugeben),<br>***affirmer*** (behaupten)<br>***jurer*** (schwören, behaupten)<br>***prétendre*** (behaupten, vorgeben) |
| ☆ nach Verben der Wahrnehmung:<br>***écouter, entendre, regarder, voir, sentir*** |

! Viele dieser Verben verlangen den *subjonctif,* wenn der Hauptsatz und der Gliedsatz ein unterschiedliches Subjekt haben!
z. B. ***Il*** *aimerait que* ***je*** *fasse son travail.*

Im Kapitel *subjonctif* findest du Übungen (ab Seite 96), in denen du wissen musst, ob du den Infinitiv oder *que* + *subjonctif* brauchst!

Finver: *Je peux revenir?* ***J'aimerais bien t'aider*** *de nouveau.*

M. Ver: *D'accord. Tu t'occupes des exemples pendant que moi, j'essaie de retrouver mon argent.*

Finver: *Il est parti. Bon.*
*Vous savez, il* ***prétend être compréhensif****, mais il ne l'est pas.*
*Mais parlons d'autre chose. Voilà quelques exemples:*

Die einfachste Infinitivkonstruktion sieht so aus:

| | | |
|---|---|---|
| *Il prétend* | *être* | *compréhensif.* |

(Er gibt vor, verständnisvoll zu sein.)

Will ich den Infinitiv **verneinen**, setze ich die Teile der Verneinung (*ne pas, ne plus, ne jamais* etc.) vor den Infinitiv:

| | | | |
|---|---|---|---|
| *Il prétend* | *ne pas* | *être* | *agressif.* |
| *J'avoue* | *ne jamais* | *être* | *prudent quand une femme me plaît.* |
| *M. Ver déteste* | *ne pas* | *avoir* | *raison.* |

Die nächste Möglichkeit ist die, **Objektvertreter** in den Satz einzubauen. Diese kommen vor den Infinitiv bzw. zwischen die Teile der Verneinung und den Infinitiv:

**INFINITIV (2)**
**Bildung von Infinitivkonstruktionen mit Objektvertretern**

| | | | | |
|---|---|---|---|---|
| *Je crois* | | | *connaître* | ***cette femme.*** |
| *Je crois* | | ***la*** | *connaître.* | |
| *Je crois* | *devoir* | | *connaître* | ***cette femme.*** |
| *Je crois* | *devoir* | ***la*** | *connaître.* | |

Ausnahme: Bei den Verben des Wahrnehmens stehen die Objektvertreter vor der Personalform, nicht vor dem Infinitiv!

| | | | |
|---|---|---|---|
| *Je* | ***la*** | *vois* | *pleurer.* |

Die Teile der Verneinung (*ne pas, ne plus* etc.) stehen (vor Objektvertretern und) vor dem Infinitiv:

| | | | |
|---|---|---|---|
| *J'avoue* | ***ne pas*** | *la* | *connaître.* |

M. Ver: *Quoi?* ***Tu avoues ne pas la connaître?*** *Mais tu as dit . . .*

Finver: *Mais c'était seulement un exemple. Je la connaissais, bien sûr, ou bien . . . je croyais la connaître, mais . . . je . . .*
*Continuons, mes amis, je vous ai préparé quelques exercices!*

**27** Forme die Sätze nach folgendem Muster um:

1. Philippe prétend qu'il est malade .
   Philippe prétend être malade.

**à toi**

2. Mademoiselle Véro croit qu'elle travaille beaucoup.
3. Je ne pense pas que je viendrai ce week-end.
4. Les garçons affirment qu'ils sont innocents.
5. Yves avoue qu'il n'aime plus sa femme.
6. Trixie s'imagine qu'elle gagne beaucoup d'argent avec son travail.
7. Nous admettons que nous ne sommes pas toujours sincères.
8. Michelle déclare qu'elle est millionnaire.

**28** Verändere die Sätze nach folgendem Muster und ersetze das unterstrichene Objekt durch seinen Vertreter:

1. Tu as vu: son mari a embrassé cette femme.
   Tu l'as vu embrasser cette femme.

**à toi**

2. Finver a juré: il ne connaissait pas le coupable.
3. Finver affirme: il dit la vérité.
4. Mais j'entends: il ment à ce moment.
5. Finver a vu: les deux garçons ont cassé la vitrine.
6. Nora croit: elle doit corriger les exercices.
7. Elle avoue: elle a besoin de vacances.
8. Elle souhaite: elle termine cette leçon.
9. Nora prétend: elle brûlera le livre.

**P**

## DER INFINITIV MIT *A* ODER *DE*

**TIPP** Schreib die folgende Liste in deine Kartei und lerne die Wörter wie Vokabel, diesmal nicht mit dem Artikel, sondern mit der Präposition!

Es lohnt sich! Es ist eine enorme Zeitersparnis, wenn du beim Schreiben nicht immer im Wörterbuch nachsehen musst, sondern einfach **weißt**, welche Präposition folgt.

**!** Bei einigen Ausdrücken gibt es je nach Konstruktion bzw. Bedeutung mehrere Möglichkeiten. Ich weise bei ihnen jeweils in der rechten Spalte darauf hin!

K

## INFINITIV (3) *à* + Infinitiv

☆ steht nach Verben wie

| | |
|---|---|
| ***aider qn à,*** | |
| ***apprendre à*** (lernen) | |
| ***arriver à*** (es gelingt mir, ihm etc.) | (aber: *il m'arrive de*) |
| ***avoir qch à*** (zu tun haben; müssen) | |
| ***commencer à*** (beginnen) | (auch: *commencer par*) |
| ***condamner qn à*** (jem.verdammen) | |
| ***forcer qn à*** (jem. zwingen), | (aber: *être forcé de*) |
| ***habituer qn à*** (jem. gewöhnen) | |
| ***s'habituer à*** (sich gewöhnen) | |
| ***hésiter à*** (zögern) | |
| ***inviter qn à*** | |
| ***obliger qn à*** (jem. verpflichten), | (aber: *être obligé de*) |
| ***pousser qn à*** (jem. drängen), | |
| ***penser à*** (an etw. denken, nicht vergessen) | (auch: *penser* + Inf.) |
| ***s'amuser à*** | (aber: *cela m'amuse de*) |
| ***se décider à*** (sich entscheiden) | (auch: *décider de*) |
| ***se mettre à*** (beginnen) | |

Viele dieser Verben drücken ein Ziel, einen Zweck, ein Bestreben oder eine Bereitschaft aus!

☆ steht auch nach einigen Adjektiven:

| | |
|---|---|
| ***prêt à*** (bereit)<br>***propre à*** (geeignet) | |
| ***agréable à*** (angenehm)<br>***difficile à*** (schwierig)<br>***facile à*** (leicht)<br>***utile à*** (nützlich)<br>***inutile à*** (unnütz) | Bei diesen Adjektiven kommt *à* + Inf., wenn der Satz ein „echtes" Subjekt hat und der Infinitiv als Ergänzung zum Adjektiv steht: |
|  | *Le roman est facile (difficile) à lire.*<br>*Il* (= er, der Roman) *est aussi agréable à lire.*<br>(Er ist auch angenehm zu lesen.)<br><br>Nach einem unpersönlichen *il* oder *cela* steht *de*: *Il* (= es) *est facile de lire ce roman.*<br>(Es ist leicht, den Roman zu lesen.) |

**29** Infinitiv mit oder ohne *à*?

1. Je crois ___________ être en retard. Mes élèves sont déjà partis.
2. J'ai obligé Marcelle ___________ apprendre ses leçons.
3. Ils s'amusent ___________ lancer des fléchettes.
4. Claude pense ___________ être le meilleur de sa classe.
5. Quand Bob parle français, il est difficile ___________ comprendre.
6. Jean est prêt ___________ investir de l'argent dans ce projet.
7. Marie commence ___________ comprendre le but de l'exercice.
8. Je préfère ___________ manger de la viande bien cuite.

**30** Übersetze.
(Achte auch auf die Zeiten, die du verwenden musst.)

1. Wir laden Sie ein, zu uns zu kommen.
2. Er hat sich entschlossen, den Führerschein zu machen.
3. M. Ver verpflichtet seine Schüler, ihre Hausaufgaben zu machen.
4. Hast du daran gedacht, Butter, Milch und Mehl zu kaufen?
5. Finver lernt langsam, nicht immer beleidigt zu sein.
6. Er behauptet jedoch, ein humorvoller Wurm zu sein.
7. Meine Eltern zögerten, uns während ihrer Ferien ihr Haus zu borgen. Sie waren lange nicht bereit, uns das Haus zu überlassen.
8. Wir schwörten jedoch, nichts zu zerbrechen und keine wilden Partys zu feiern.
9. Wir amüsierten uns damit, auf der Terrasse zu sitzen und Champagner zu trinken.
10. Als Finver mich drängte, Papas Weinflaschen zu öffnen, sagte ich nein.

*Rappel:* Probleme bei der Übersetzung von „Butter, Milch und Mehl"? Dann hast du vergessen, was der Teilungsartikel *(l'article partitif)* ist! So was!

Man verwendet ihn bei einer unbestimmten Anzahl von nicht zählbaren Mengen, und seine Formen heißen ***du, de la, de l'***:
*du beurre, du lait, de la farine, de l'alcool.*

**TIPP** Es lohnt sich, immer wieder die anderen Bände von „Durchstarten" durchzublättern. Oft verhaut man sich mit Fehlern, die aus dem 1. oder 2. Lernjahr „stammen", die Noten!

Du könntest das nach einer **PAUSE** machen!

Finver: Oft versaut man sich aber auch die Noten, weil man die Hosen voll hat, wenn man zur Prüfung geht! Drum sag ich euch was, Leute. Aber es bleibt unter uns. Es ist nämlich ein absoluter Supergeheimtipp!
Stellt euch schon ein paar Tage vor einer Prüfung so richtig bildlich vor, wie ihr es dem Lehrer und euren Mitschülern zeigt. Wie denen der Mund offen stehen bleibt bei eurer Leistung. Euer Geist und euer Körper stellen sich dann schon so auf Erfolg ein, dass gar nichts anderes mehr passieren kann.

Aber: Nur nicht zweifeln! Beinhart tagelang bei der tollen Vorstellung bleiben, dann muss sie Wirklichkeit werden. Das funktioniert so!

M. Ver: Wo er Recht hat, hat er Recht.

Aber nun kommt wieder Neues, nämlich die Verben bzw. Wörter (es sind auch Adjektive und Nomen dabei!), die vor ihrem Infinitiv ein *de* brauchen. Ich biete dir hier eine Liste von Vokabeln, die du meiner Meinung nach kennen müsstest.

Finver: Oh, ihr Armen. M. Ver ist ziemlich streng. Mir würde es reichen, wenn ihr eines kennt: *arrêter de*.

K

| **INFINITIV (4) *de* + Infinitiv** | |
|---|---|
| ☆ steht nach einer Reihe von Verben wie | |
| ***arrêter, cesser, finir de*** (beenden, aufhören) | |
| ***choisir de*** (auswählen) | |
| ***décider de*** (entscheiden) | (aber: *se décider à*) |
| ***demander à qn de*** (bitten) | |
| ***dire à qn de*** | (auch: *dire* + Inf.) |
| ***essayer de*** (versuchen) | |
| ***interdire à qn de*** (verbieten) | |
| ***jurer de*** (schwören, versprechen) | (auch: *jurer* + Inf.) |
| ***offrir à qn de*** (anbieten) | |
| ***oublier de*** (vergessen) | |
| ***permettre à qn de*** (erlauben) | |
| ***promettre à qn de*** (versprechen) | |
| ***regretter de*** (bedauern) | |
| ***remercier qn de*** | (auch: *pour*) |
| ***rêver de*** (träumen) | |
| ***(s')excuser de*** ([sich] entschuldigen) | |
| ***se souvenir de*** (sich erinnern) | |

☆ nach Nomen (besonders in verbalen Wendungen) wie

***avoir besoin de*** (brauchen, müssen)
***avoir envie de*** (Lust haben)
***avoir peur de*** (Angst haben)
***avoir raison de*** (Grund haben)
***avoir l'air de*** (scheinen)
***avoir le droit de*** (das Recht haben)
***avoir l'habitude de*** (die Gewohnheit haben)
***avoir l'impression de*** (den Eindruck haben)
***avoir l'intention de*** (die Absicht haben)
***avoir le temps de*** (Zeit haben)

☆ nach zahlreichen Adjektiven

***capable de*** (fähig)
***content de*** (zufrieden)
***désolé de*** (bedauern)
***déçu de*** (enttäuscht)
***étonné de*** (erstaunt)
***fâché de*** (verärgert)
***fier de*** (stolz)
***heureux de*** (glücklich)
***sûr de*** (sicher)
***surpris de*** (überrascht)
etc.

**!** Viele dieser Wörter wirst du im Kapitel *„subjonctif"* ab Seite 95 wiederfinden. Dort gibt es auch Übungen, in denen du wissen musst, ob ein *subjonctif* oder ein Infinitiv zu verwenden ist!

Vorläufig folgender Hinweis:

**Infinitivkonstruktionen gibt es nur dann, wenn das Subjekt aus dem Hauptsatz mit dem des Gliedsatzes identisch ist!**

| |
|---|
| **Finver** bedauert, dass **er** in Paris lebt.<br>→ Subjekt ← |
| ***Finver*** *regrette de vivre à Paris.* |

| |
|---|
| **Ich** bedauere, dass **er** unglücklich ist.<br>Subjekt Subjekt |
| ***Je*** *regrette qu'**il** soit malheureux.* |

**31**

Infinitiv mit *à* oder *de*?

1. Mémé rêve: elle rencontre Einstein au ciel.
   Mémé rêve de rencontrer Einstein au ciel.

**à toi**

2. Muriel est contente: elle a un bébé très sage.
3. Michel est sûr: il ne veut plus fréquenter le cours de langue.
4. Papa essaye: il arrête de fumer.
5. Maman est fière: elle passe son permis de conduire.
6. François apprend: il maîtrise sa colère.
7. Grégory a l'intention: il arrête ses études.
8. Olivia jure: elle quitte le travail qu'elle déteste.
9. Marc se décide: il déclare son amour à Paulette.
10. Paulette décide: elle ne va pas devenir sa petite amie.

**32**

*De, à* oder nichts?

1. Marie et Paul sont contents _______________ pouvoir visiter le musée.
2. Isabelle apprend _______________ danser.
3. Guillaume pense _______________ obtenir une bourse.
4. J'ai hésité _______________ vendre le terrain.
5. Thierry commence _______________ maîtriser les règles de base.
6. Le poète écoute _______________ gémir le vent dans les branches.
7. Bob a envie _______________ revoir ce film.
8. Finver est prêt _______________ dépenser tout son argent pour Anne.

**33**

Übersetze (immer Infinitivkonstruktionen):

1. Wir sind enttäuscht, dass wir euch nicht begleiten können.
2. Meine Eltern sind verärgert, dass sie nicht wegfahren können.
3. Ich habe nicht die Absicht, Ihnen meinen Freund vorzustellen.
4. Sie hatte keine Zeit, ihre Haare zu waschen.
5. Laure hat immer Angst, dass sie nicht beliebt ist.
6. Wann verbietest du ihm, stundenlang fernzusehen?
7. Sie entschieden, im Sommer nicht in Frankreich zu bleiben.
8. Träumt Véro noch immer davon, Pilotin zu werden?
9. Bist du erstaunt, dass du mich hier triffst?
10. Finver verspricht, unsere Katzen nicht mehr zu ärgern.

**P**

***EXERCICE DU CHEF***

1. Finver veut _______ apprendre _______ connaître la France. Pour cela, il est prêt _______ faire un tour de France.

2. Il choisit _______ commencer son tour dans le sud du pays. Il est heureux _______ voir que les gens prennent le temps _______ vivre. Il décide _______ goûter les spécialités de la région.

3. Il veut _______ manger de la bouillabaisse et promet à M.Ver _______ en rapporter un peu. Par ailleurs, il a envie _______ essayer la ratatouille qui est une spécialité provençale.

4. Il est étonné _______ voir que la lavande est une culture importante dans le sud.

5. Ensuite il se décide _______ découvrir l'Alsace. Il demande à un Alsacien _______ lui parler de la spécialité alsacienne qui est la choucroute. Par ailleurs, il est surpris _______ entendre les Alsaciens parler un drôle de dialecte. Il apprend vite _______ le parler.

6. Après cela, il se décide _______ partir en Bretagne avec la ferme intention _______ se régaler avec les galettes et les crêpes bretonnes. Là, il invite une jeune fille _______ déguster du cidre, une boisson qui est agréable _______ boire avec des crêpes de sarrasin.

7. Puis il a peur _______ perdre de vue cette jeune fille et il l'accompagne à Paris. Pendant le voyage il n'arrête pas _______ embrasser la jeune fille qui lui promet _______ lui téléphoner bientôt.

8. A la gare, il lui offre _______ lui payer un taxi pour rentrer, mais elle refuse. Elle dit _______ ne pas habiter loin.

9. Malheureusement, il voit un jeune homme qui l'aborde et elle n'hésite pas _______ l'embrasser. Maintenant Finver est sûr _______ ne plus la revoir. Pauvre Finver.

**Auswertung:**

- ✫ Ein bis zwei Fehler darfst du dir erlauben, um weitergehen zu können.
- ✫ Wenn du drei bis fünf Fehler hast, lies dir morgen die Karteikarten nochmals durch und wiederhole die Übung.
- ✫ Bei mehr als fünf Fehlern solltest du das ganze Kapitel wiederholen!

# GEHIRNKNÖPFE

**Schon ein wenig müde vom letzten Kapitel?**

Da wollen wir mal deine Gehirntätigkeit wieder auf Vordermann bringen. Man könnte auch aktivieren dazu sagen: Du berührst mit zwei Fingern der linken Hand den Nabel. Den Daumen der anderen Hand legst du in das rechte Grübchen unterhalb deines Schlüsselbeins. Mit Zeige- und Mittelfinger berührst du das linke Grübchen. Nun massierst du mit leichtem Druck alle drei Stellen gleichzeitig. Nach etwa einer Minute wechselst du die Hände. Nun reiben die Finger der rechten Hand den Nabel, die linke Hand befindet sich beim Schlüsselbein.

**Dauer der Übung: 2 Minuten**

## DER *INFINITIF PASSE*

M. Ver: *Pour revenir à mon argent. Tu dis* ***ne pas avoir fait*** *la connaissance de cette dame avant?*

Finver: *Hmmm . . . J'ai dit que . . .*
*J'avais espéré* ***avoir fait*** *sa connaissance.*
*Et j'étais presque sûr* ***de l'avoir vue*** *au . . . dans . . . à . . . l'autre jour . . .*

*Mais François, laissons-ça à part. Tu sais, je viens de dire "avoir fait la connaissance". Tu ne crois pas qu'il faille expliquer ça à tes élèves? Ça va sûrement les intéresser.*
*Ecoute, c'est moi qui vais le faire tout de suite.*

Leute, *avoir fait sa connaissance*, das war der ***infinitif passé***, der Infinitiv der Vergangenheit also. Den müsst ihr verwenden, wenn das, was durch den Infinitiv ausgedrückt wird, vor dem Geschehen, das im Hauptsatz dargestellt wird, passiert ist.

| | | |
|---|---|---|
| Ich glaube,<br>Heute | deine Freundin gestern in einer Bar gesehen zu haben.<br>gestern (also „vorzeitig") | |
| *Je crois* | *avoir vu* | *hier ton amie dans un bar.* |

| | | |
|---|---|---|
| Sie behauptete,<br>Gestern, 23 Uhr | die Bar kurz vor mir allein betreten zu haben.<br>gestern, ca. 22 Uhr 45, (also „vorzeitig") | |
| *Elle a juré* | *être entrée* | *dans le bar seule juste avant moi.* |

**!** Wann *avoir* und wann *être* verwendet wird, weißt du, oder?
Und wann man das *participe passé* übereinstimmt, weißt du auch!
Hoffentlich!
Wenn nicht, sieh nach in „Durchstarten für das 1. Lernjahr" ab Seite 34!

M. Ver: *Finver, tu m'énerves. Tu ne peux pas détourner mon attention! Je n'ai pas oublié mon argent. Et je regrette **de te l'avoir donné**!*

Finver: *François!* Wieder ein wesentlicher Beispielsatz!
„Du bedauerst, es mir gegeben zu haben."
Der Satz wird deine Schüler interessieren! Seht ihn euch an:

| | | | |
|---|---|---|---|
| *Tu regrettes* | *de* | ***me l'*** | *avoir donné.* |

Wo sind also die Objektvertreter? Richtig! Vor dem Infinitiv!

Könnt ihr euch schon denken, was nun folgt? Betrachtet das Beispiel:

| | | | | |
|---|---|---|---|---|
| *Je suis malheureux* | *d'* | | *avoir rencontré* | ***cette femme**.* |
| *Je suis malheureux* | *de* | ***l'*** | *avoir rencontrée.* | |

*Cette femme* ist ein ***objet direct*** und wird durch *l(a)* vertreten.
Da dieser **Vertreter vor dem *participe passé*** steht, wird dieses mit dem Geschlecht und der Zahl des vertretenen Objekts **übereingestimmt**!
Sogar bei einer Infinitivkonstruktion!
Na, ist das nicht eine Wucht?

M. Ver: Bist du fertig? Es ist mir egal, ob das für die Schüler interessant ist. *Ça m'est égal, je m'en fous, tu comprends? La seule chose qui m'intéresse, c'est mon argent. Qui a mon argent?*

Finver: Oh, deine Schüler werden bedauern, dich nicht schon früher so gekannt zu haben. Sie hätten sich viel Arbeit erspart!

M. Ver: *Et toi, petit ver, tu vas regretter de ne pas m'avoir quitté!*

Finver: Und wieder ein fabelhafter Beispielsatz!

| | | | | |
|---|---|---|---|---|
| *Tu vas regretter* | *de* | *ne pas* | *m'* | *avoir quitté.* |

Du siehst hier alle Regeln, die du bisher gelernt hast, bestätigt:

- ☆ Objektvertreter vor Infinitiv + p.p.
- ☆ *ne pas* vor Infinitiv + p.p, aber auch vor dem Objektvertreter, weil der beim Verb klebt. (Das ist auch schon bei Verneinungen im ganz normalen *présent* so: *Je ne **le quitte** pas.*)

**K**

## INFINITIV (5) *Infinitif passé*

☆ Bildung: ***avoir/être + participe passé***
*Je pense **avoir vu** ton amie. Elle est heureuse d'**être venue**.*

☆ Objektvertreter vor Infinitiv:
*François? Je pense **l'**avoir vu devant la porte.*

Wenn *objet direct*: Übereinstimmung des *participe passé*.
*Cette femme? Je pense **l'**avoir vu**e** devant la porte aussi.*

☆ Verneinung:
*ne pas/jamais/plus* etc. (vor Objektvertreter) vor Infinitiv:
*Je suis heureuse de **ne pas avoir vu** François. (. . . de **ne pas l'avoir vu**)*

**34** Bilde Sätze mit Infinitivkonstruktionen. (Ist ein Objekt unterstrichen, ersetze es in deinem Lösungssatz durch seinen Objektvertreter!)

1. Sandrine avoue: je suis tombée amoureuse <u>de Jean</u>.
   Sandrine avoue être tombée amoureuse de lui.
2. Mathieu est fier: il a écrit <u>son premier roman</u>.
3. Nous sommes sûrs: nous avons donné le cadeau <u>à Henri</u>.
4. Séverine a peur: elle n'est pas partie à l'heure.
5. Olivier est heureux: il a réussi <u>son examen</u>.
6. Nous sommes déçues: nous ne sommes pas allées <u>à la soirée</u>.
7. Je suis surpris: j'ai rencontré <u>Finver et Anne</u> devant le cinéma.
8. Maman est contente: elle est partie <u>pour la Grèce</u> avec une amie.
9. Eric et Lucie sont malheureux: ils se sont disputés.
10. Bernadette est désolée: elle a renversé <u>le verre de vin</u> sur le tapis.

*Rappel:* Alles klar mit den Objektvertretern? Wenn nicht, dann wird es höchste Zeit, sie wieder einmal aufzufrischen!

| | | |
|---|---|---|
| *me, te, lui* | *nous, vous, leur* | *obj. indirect* |
| *me, te, le, la,* | *nous, vous, les* | *obj. direct* |
| *y* | ersetzt (Orts-)Ergänzungen mit *à* | |
| *en* | ersetzt Ergänzungen mit *de* | |

**35** Forme die Sätze in Infinitivkonstruktionen um, wenn es geht!

1. J'espère que j'ai acheté assez de vin pour la fête.
   J'espère avoir acheté …
2. J'espère que Paul arrivera sans son grand-père.
   Umformung nicht möglich (zwei Subjekte!)

**à toi**

3. Nous regrettons que ton grand-père ne soit pas venu.
4. Nous espérons qu'ils trouveront notre adresse.
5. Je crois que j'ai réussi tous mes examens.
6. Nicolas avoue qu'il a été méchant avec sa mère.
7. Jeanne confirme que son mari est malade.
8. Les élèves pensent qu'ils n'ont pas assez appris.
9. Marc a admis qu'il a triché à l'examen.

**36** Übersetze:

1. Er war überrascht, uns im Club nicht gesehen zu haben.
2. Ich bin froh, dass ich ihm meine Entscheidung mitgeteilt habe.
3. Wir entschuldigen uns, sie beleidigt zu haben. (sie = 2 Lösungen)
4. Sie war zufrieden, ihre Ferien mit Pierre verbracht zu haben.
5. Ich war schockiert, Oma mit einem Unbekannten getroffen zu haben.
6. Sie behauptete, dass sie eine Freundin seiner Frau gewesen war.
7. Seid ihr enttäuscht, dass ihr keine Karten mehr für Tina Turners Konzert gekauft habt?

**37** Bilde mit den Wortgruppen Sätze und verwende den *infinitif passé*.

1. tu – croire / apprendre assez pour l'examen
   Tu crois avoir assez appris pour l'examen.

**à toi**

2. Kevin – être malheureux / perdre ses clés
3. Robert – jurer / ne pas arracher toutes les roses
4. Nathalie – être déçue / ne pas aller à la fête
5. Nora – avoir l'impression / attendre Séverine pour rien
6. Roger – affirmer / lire tous les livres
7. Eve – avoir peur / blesser son fiancé
8. Jojo – croire / retrouver un bon ami
9. Andi – dire/ s'amuser bien
10. Mémé – avoir l'impression / ne pas prendre beaucoup au buffet

**P**

## DER INFINITIV NACH ANDEREN PRÄPOSITIONEN

M. Ver: *M. le commissaire, je veux dénoncer une duperie sournoise.*

***Sous prétexte de connaître*** *mon ami Finver, une femme l'a abordé.*

***Après lui avoir fait les yeux doux****, elle est allée* ***jusqu'à prétendre être lasse de la vie*** *à cause de problèmes d'argent.*

***Sans réfléchir****, en suivant seulement la voix de son grand coeur, mon ami lui a donné tout l'argent. Mon argent. Pouvez-vous m'aider?*

Finver: Der verstellt sich gut! „*Mon ami avec son grand coeur . . .*" Dabei würde er mich am liebsten erwürgen! Na ja. Hier bin ich zum Glück sicher! Und jetzt helfe ich euch rasch weiter, solange er mit dem Typen redet.

Es gibt einige Präpositionen, nach denen auch ein Infinitiv steht:

**K**

| INFINITIV (6) Präposition + Infinitiv | |
|---|---|
| ***après (+ inf. passé)*** (nachdem): | *Après m'avoir abordé, elle m'a invité.* |
| ***avant de*** (bevor): | *Avant de réfléchir, je lui ai donné tout l'argent.* |
| ***pour*** (um zu): | *Elle m'a abordé pour me duper.* |
| ***à condition de*** (unter der Bedingung, dass): | *Je peux rester chez François à condition de ne plus aller au café avec des inconnues.* |
| ***sans*** (ohne zu): | *Je lui ai donné l'argent sans réfléchir.* |
| ***au lieu de*** (anstatt zu): | *Au lieu de dire non, je lui ai tout donné.* |
| ***sous prétexte de*** (unter dem Vorwand): | *Sous prétexte de me connaître, elle m'a invité.* |
| ***loin de*** (weit davon entfernt): | *Loin de lui pardonner ce qu'elle m'a fait, je pense souvent à elle.* |

**!** Auch bei diesen Ausdrücken musst du die „Subjekt-Regel" beachten: Sie dürfen wiederum nur verwendet werden, wenn das Subjekt des Hauptsatzes und das Subjekt der Infinitivkonstruktion identisch sind! Hier einige wichtige Unterscheidungen:

| ***après que*** (verlangt nicht den *subjonctif*!) / ***après*** |
| --- |
| Nachdem **ich** ihr das Geld gegeben hatte, verschwand **sie**. |
| Subjekt … Subjekt |
| ***Après que je*** *lui avais donné l'argent,* ***elle*** *a disparu.* |
| Nachdem **ich** ihr das Geld gegeben hatte, wurde **ich** unruhig. |
| Subjekt |
| ***Après lui avoir donné*** *l'argent,* ***je*** *suis devenu inquiet.* |

| ***avant que (+ subjonctif) / avant de*** (vgl. Seite 102) |
| --- |
| **Wir** unterhielten uns gut, bevor **sie** zu weinen begann. |
| Subjekt … Subjekt |
| ***Nous*** *nous entretenions bien* ***avant qu'elle*** *ait commencé à pleurer.* |
| Bevor **ich** ihr das Geld gab, hörte **ich** ihr aufmerksam zu. |
| Subjekt |
| ***Avant de lui donner*** *l'argent,* ***je*** *l'écoutais attentivement.* |

| ***pour que (+ subjonctif) / pour*** |
| --- |
| **Sie** sprach mich an, damit **ich** ihr mein Geld gäbe. |
| Subjekt … Subjekt |
| ***Elle*** *m'a abordé* ***pour que je*** *lui donne mon argent.* |
| **Sie** sprach mich an, damit **sie** mein Geld bekäme. (um mein Geld zu bekommen.) |
| Subjekt |
| ***Elle*** *m'a abordé* ***pour recevoir*** *mon argent.* |

| ***sans que (+ subjonctif) / sans*** |
|---|
| **Wir** tranken viel, ohne dass **sie** betrunken wurde. |
| Subjekt — Subjekt |
| ***Nous*** *buvions beaucoup* ***sans qu'elle*** *devienne ivre.* |

| |
|---|
| **Ich** trank zwei Liter Wein, ohne dass **ich** überlegte, was ich tat. (ohne zu überlegen) |
| Subjekt |
| ***J'ai*** *bu deux litres de vin* ***sans réfléchir*** *à ce que je faisais.* |

M. Ver: Was, betrunken warst du auch noch? Die Geschichte wird ja immer besser! Los, komm mit, du sollst deine Aussage machen. Und du, du Schüler du, übst mal wieder ein bisschen!

**38** Verbinde die Sätze mit *après, après que, avant de, avant que, sans, sans que, pour* oder vielleicht gar *pour que*?

1. Tu dois demander "Qui est là?"
   Tu ouvres la porte.

   Tu dois demander "Qui est là?" avant d'ouvrir la porte.

**à toi**

2. Il pleurait. Il avait lu la lettre de son ami.
3. Ils vont au cinéma. Puis nous les rencontrons au café.
4. Il s'est présenté à l'examen. Il avait appris deux mois.
5. Nous avons fini nos devoirs. Nous sommes partis à la piscine.
6. Marc a fait un gâteau. Il n'y a pas mis de sucre.
7. Finver a donné mon argent à une femme. La femme ne lui a pas dit son nom.
8. Julien est rentré. Il veut se changer.
9. Ma tante est partie. Elle est venue nous dire au revoir.
10. Finver a fait le ménage de printemps. Les autres doivent le l'admirer.

**TIPP** Infinitivkonstruktion oder *que* + *subjonctif*? Siehe auch Seite 96.

**39** Übersetze:

1. Sie durfte mit ihren Freunden unter der Bedingung auf Urlaub fahren, dass sie keine Drogen ausprobierte.
2. Nachdem sie ihrer Mutter versprochen hatte, immer in der Gruppe zu bleiben, rief sie ihre Freundin an, um ihr zu erzählen, dass ihre Eltern die Reise erlaubten.
3. Eine Woche bevor sie abreisten, trafen sie sich im Café Cactus.
4. Unter dem Vorwand, ihr Bücher zeigen zu wollen, lud Cedric, der auch mit ihnen fahren wollte, sie ein, mit ihm nach Hause zu kommen.
5. Anstatt ihr die Bücher zu zeigen, versuchte er sie zu küssen.
6. Nachdem sie ihm gesagt hatte, dass sie in jemand anderen verliebt sei, war er traurig.
7. Bevor sie ihn verließ, versprach sie ihm, ihn einmal anzurufen.
8. Nachdem sie nach Hause gekommen war, dachte sie an Cedric.
9. Sie rief ihn noch einmal an, um ihm zu sagen, dass sie nicht mehr wisse, ob sie in jemand anderen verliebt sei.
10. Nachdem er ihr gesagt hatte, dass er sie gern habe, bat er sie, ihn am nächsten Tag ins Kino zu begleiten.

Na, das war ja schon ganz schön kompliziert. Das nenne ich Französisch für Fortgeschrittene!
Damit du nicht besser als dein/e Französischlehrer/in wirst, hören wir jetzt auf mit dem Üben, und es folgt nur mehr ein kleines Kapitelchen.

Finver: Apropos „Besser-Werden".
Weißt du, wie du dein Selbstvertrauen steigern kannst? Lobe dich! Lobe dich regelmäßig! Nimm dir täglich am Abend 5 Minuten Zeit, um dich zu loben und dich zu all dem Guten, was du am Tag gemacht hast, zu beglückwünschen.
Wenn dein Unterbewusstsein mit diesen gedanklichen Streicheleinheiten einschläft, wird es das Lob speichern und so immer mehr nette Worte für dich auf Lager haben!

M. Ver: Danke, Finver. Ich werde mir, sobald ich mein Geld wiederhabe, einmal Zeit nehmen, dich zu loben.

Aber vorher ein paar allgemeine Hinweise für meine Schüler:

Infinitivkonstruktionen sind im Französischen wirklich sehr beliebt, und es ist oft möglich, eine zu verwenden, wenn das Deutsche nur einen Gliedsatz zur Verfügung hat.

*Avant de sortir, Finver se fait beau.*
Bevor Finver ausgeht, macht er sich schön.

Im Französischen verhält sich der Infinitiv wie ein ganz gewöhnliches Objekt und darf nicht durch „es" oder ein Pronominaladverb (damit, daran etc.) angekündigt werden (außer in festen Wendungen):

Ich lehne **es** ab, mit Finver zu sprechen.
*Je refuse de parler avec Finver.*

Ich rechne nicht **damit**, mein Geld wiederzusehen.
*Je ne compte pas revoir mon argent.*

Die Häufigkeit der Infinitivkonstruktionen entsteht auch deshalb, weil, wie schon mehrmals erwähnt, manche Verben keinen *que*-Satz anschließen können, wenn Hauptsatz und Gliedsatz dasselbe Subjekt haben.
Vor allem bei den Verben oder Wendungen, die ein Gefühl ausdrücken (und den *subjonctif* verlangen), muss in diesen Fällen die Infinitivkonstruktion verwendet werden.

Ich bin böse, dass ich mein Geld verloren habe.
*Je suis fâché d'avoir perdu mon argent.*

Ich bedauere, dass ich
Finver nicht hinauswerfen kann.
*Je regrette*
*de ne pas pouvoir mettre*
*Finver à la porte.*

Ich ergehe mich in Tagträumen,
du machst besser eine **PAUSE**!

# UMSCHREIBUNGEN DEUTSCHER ADVERBIEN MITTELS INFINITIVKONSTRUKTION

**K**

## Umschreibungen

**beinahe, fast: *faillir Ø Inf.***

Wir hätten beinahe gestritten.
*Nous avons failli nous disputer.*

Ich wäre beinahe gefallen.
*J'ai failli tomber.*

**gern: *aimer Ø* Inf.*, aimer bien Ø Inf., adorer Ø Inf.***

Finver geht gerne ins Kino.
*Finver aime (bien)/adore aller au cinéma.*

(*adorer* verwendet man häufig in der gesprochenen Sprache!)

**gerade** (in diesem Augenblick)**: *être en train de Inf.***

Finver macht sich gerade schön.
*Finver est en train de se faire beau.*

**!** Präge dir diese Wendung gut ein! Eine meiner Schülerinnen übersetzte nämlich einmal den Satz „*Je suis en train de manger*" mit „Ich bin im Speisewagen"!

**gerade, soeben (vor einem Augenblick): *venir de Inf.***

Anne hat ihn gerade angerufen.
*Anne vient de lui téléphoner.*

**immer noch, weiter: *continuer à Inf.***

Finver isst immer noch.
*Finver continue à manger.*

**immer, immer wieder, ständig: *ne pas arrêter / cesser de***

Finver beklagt sich ständig.
*Finver n'arrête pas /*
*ne cesse pas de se plaindre.*

**nicht mehr: *arrêter, cesser de***

Großmutter fährt nicht mehr Auto.
*Mémé a arrêté / cessé de conduire.*

| **lieber:** ***aimer mieux Ø Inf., préférer Ø Inf.*** |
|---|
| Finver bleibt lieber daheim heute.<br>*Finver aime mieux / préfère rester à la maison aujourd'hui.* |
| **schließlich:** ***finir par Inf.*** |
| Ich habe ihm schließlich verziehen.<br>*J'ai fini par lui pardonner.* |

Finver: Wir gehen jetzt einen heben, nicht nur, weil François mir verziehen hat, sondern weil das Kapitel zu Ende ist. Mach du noch schnell die Übungen, dann komm uns nach. Wir sind im Bistro ums Eck!

**40**

Übersetze:

1. Ich hoffe immer noch, dass Finver seine Fehler schließlich einsehen wird. *(voir ses défauts)*
2. Unser Professor hat uns soeben den Stoff *(les sujet à réviser)* für die Prüfung gesagt.
3. Wir würden gerne ins Schwimmbad gehen.
4. Was macht ihr? Seid ihr gerade beim Abendessen?
5. Ich weine, weil mein Freund mich gerade verlassen hat.
6. Bernadette schläft immer noch, obwohl *(bien que + subjonctif)* es schon 10 Uhr ist.
7. Dein Vater schimpft *(gronder q.)* nicht mehr, wenn du Cédric triffst?
8. Robert und Etienne streiten gerade / noch immer / ständig.
9. Du rauchst nicht mehr? Du rauchst noch immer?
10. Wir haben schließlich einen Baugrund *(un terrain à bâtir)* gefunden.
11. Ich gehe lieber zu Fuß.
12. Finver behauptet immer wieder, wir hätten etwas gegen ihn.
13. Séverine wäre beinahe zu spät zum Flughafen gekommen.

## *EXERCICE DU CHEF*

Bilde aus den jeweiligen Sätzen oder Wortgruppen Infinitivkonstruktionen. (Tipp: Wenn du Probleme hast damit, übersetze die Sätze und versuche das Verbinden zuerst einmal auf Deutsch!)

1. Fabien n'a pas réussi son bac en juin. Il le regrette.
   Fabien regrette de ne pas avoir réussi son bac en juin.

**à toi**

2. Vous venez vers minuit en train? Vous préférez vraiment?
3. Je vais téléphoner à Fabius. Je dois lui demander s'il a pris mon livre. (pour)
4. Je l'ai déjà rencontrée? Je ne pense pas.
5. Finver en est certain: il a suivi toutes mes instructions.
6. Le soleil se couchait et Mimi et moi, nous le regardions.
7. Mes élèves n'ont pas fait bonne impression. Ils sont tristes.
8. Il a bu trois cognacs. Puis il avait mal au coeur. (après)
9. Séverine dort jusqu'à midi. Elle en a l'habitude.
10. Elle s'est dépêchée pour arriver à l'heure. Je vais la remercier.
11. Les enfants fument sur la terrasse. Il faut le leur interdire!
12. Flora parle trop vite. On la comprend difficilement. (Elle est difficile . . .)
13. Bernadette est tombée dans la piscine et Andi l'a sauvée. Il n'a pas hésité.
14. Je ne les connais pas! Je le jure!
15. Nos voisins ne s'occupent pas du jardin. Mais ils y sont obligés.
16. Il y a beaucoup de voitures à Paris. J'aime quand même y conduire. (Il est facile . . .)
17. Hier, j'ai vu une voiture intéressante. Je / faillir / acheter / la.
18. Il écrase ses cigarettes sur notre tapis. Il doit arrêter cela! Dites-le lui.
19. Notre voisin a battu sa femme. Hier il l'a avoué.
20. Non, je ne viens pas, je n'y suis pas obligé. Enfin, je l'espère.

Hier halte ich eine Auswertung nach Punkten für nicht sinnvoll. Ich finde es besser, wenn du dein Gewissen aktivierst, genau überprüfst, woher deine Fehler stammen, und dann die Bereiche, in denen du noch Schwierigkeiten hattest, wiederholst.

# DENKMÜTZE

**Hast du Schwierigkeiten, in der Schule gut hinzuhören und alles zu verstehen?**

Die Denkmütze ist besonders vor Unterrichtsbeginn nützlich: Entfalte sanft deine Ohren. Beginne oben und massiere am Ohrrand entlang nach unten. Ziehe sanft an den Ohrläppchen. Wiederhole diese Bewegung von oben nach unten 10-mal. Wenn du gähnen musst, öffne dabei bitte den Mund so weit du kannst.

**Dauer der Übung: 10-mal**

**ACHTE DARAUF, DASS DER STANDPUNKT, VON DEM AUS DU DEINE WELT BETRACHTEST, EIN GUT GEWÄHLTER IST! ER BESTIMMT DEINE WIRKLICHKEIT.**

# III. DER *SUBJONCTIF*

M. Ver: Jetzt ist also er an der Reihe, der berühmte *subjonctif*. Zum Glück ist es wirklich keine Kunst, ihn richtig zu bilden und zu verwenden!
Die einzige „Besonderheit" an dieser Form ist, dass sie wirklich eine so französische Spezialität ist, dass es sie im Deutschen nicht gibt, daher mit nichts zu vergleichen und nicht zu „übersetzen" ist.

## DIE FORMEN DES *SUBJONCTIF*

### DER *SUBJONCTIF PRESENT*

Finver: Hurra! Diese Formen sind aus drei Gründen einfach!

| |
|---|
| **1.** Der Stamm kann bei den meisten Verben von der 3. Person Plural des *présent* abgeleitet werden. |
| **2.** Bei den regelmäßigen *subjonctif*-Formen entsprechen die 1. und 2. Person Plural der 1. und 2. Person Plural des *imparfait*! |
| **3.** Die Endungen sind für alle Verben außer *avoir* und *être* die gleichen! |

| ***parler*** *(ils parl.ent)* | ***finir*** *(ils finiss.ent)* | ***mettre*** *(ils mett.ent)* |
|---|---|---|
| *que je parl.**e*** | *que je finiss.**e*** | *que je mett.**e*** |
| *que tu parl.**es*** | *que tu finiss.**es*** | *que tu mett.**es*** |
| *qu'il parl.**e*** | *qu'il finiss.**e*** | *qu'il mett.**e*** |
| *que nous parl.**ions*** | *que nous finiss.**ions*** | *que nous mett.**ions*** |
| *que vous parl.**iez*** | *que vous finiss.**iez*** | *que vous mett.**iez*** |
| *qu'ils parl.**ent*** | *qu'ils finiss.**ent*** | *qu'ils mett.**ent*** |

! Es ist üblich, die *subjonctif*-Formen immer mit *que* davor zu lernen, weil der *subjonctif* hauptsächlich nach *que* folgt!

Beatrix Dangl
Nora Sbaghi, Christa Breiter, Severine Meyer

# Durchstarten in Französisch

# Französisch für das 3. Lernjahr

## Lösungsheft

Veritas Lernhilfen

## RELATIVPRONOMEN – *LES PRONOMS RELATIFS*

**Übung 1**
1. qui – qui – qu' – qui – que 2. que – que – qui – qui

**Übung 2**
2. ... ma cousine Michelle qui est ... 3. ... dans une maison à trois étages que tu ne connais pas ... 4. ... dans ce pays qui ne leur plaît pas. 5. Voici ma voiture que j'ai achetée ... 6. ... dans les rues de Paris qu'il trouve belles. 7. ... des spécialités thailandaises que nous n'avons jamais goutées. 8. ... sa nouvelle armoire que le menuisier a faite avec ...

**Übung 3**
1. qui vais 2. que tu as achetés 3. qui avons cassé 4. que j'ai cueillies 5. que j'ai adoptée 6. qui ont transporté 7. qui faites 8. que nous avons vue

**Übung 4**
1. ce qui – ce que – ce qui 2. ce que – ce qu' 3. ce qui – ce qui 4. ce que – ce qu' 5. ce que – ce qui – ce qu' 6. ce qui – ce qui – ce qui

**Übung 5**
1. Sa femme achète ce qui lui plaît. 2. Est-ce que tu as trouvé tout ce que tu cherches? 3. Après la fin du film elle a pleuré et il lui a demandé ce qu'elle avait vu. 4. Elle aimerait bien savoir ce qui ne lui a pas plu à Strasbourg. 5. Ce que j'aime à Paris, ce sont les cafés. 6. Tout ce qu'il écrit ne plaît pas forcément aux gens. 7. Mais moi, j'aimais ce qu'il écrivait et (ce qu'il) pensait. 8. Est-ce qu'il a enfin avoué (A-t-il enfin avoué) ce qu'il a fait? 9. Hier il pleuvait, ce qui ne derangeait pas du tout les enfants. 10. Tout ce qui m'amuse, amuse aussi Finver.

**Übung 6**
1. qui – ce qu' – qui – ce qui 2. que – que – ce que 3. que – qui – qu' 4. ce qui – que 5. ce qui -qui – ce que

**Übung 7**
1. pour qui 2. en qui 3. à qui 4. avec qui 5. sans qui

**Übung 8**
2. ... dans le quartier Latin où se trouve ...
3. ... une université où les professeurs sont ...
4. ... dans la rue Mouffetard où je trouve ...
5. Au moment où je monte ... je croise M. Ver.
6. ... le musée d'Orsay où on peut voir ... 7. Au moment où l'on* regardait "les coquelicots" de Monet l'alarme a sonné. (l'on wird oft der Aussprache wegen verwendet, hat jedoch keine andere Bedeutung als où on) 8. ... dans notre arrondissement où il n'y a que ...

**Übung 9**
1. lesquels – lesquels 2. laquelle – lequel – laquelle – lesquels 3. laquelle -lequel 4. qui – lesquelles

**Übung 10**
1. Finver me montre la question avec laquelle il a des problèmes. 2. Je voudrais vous présenter le projet pour lequel je m'engage. 3. Mes parents ne savaient jamais ce que je faisais. 4. Ses amis lui ont montré la maison qu'ils achèteraient et dans laquelle ils voudraient vivre (habiter) avec leurs enfants. 5. Apporte-moi le livre qui est sur la table. 6. Dites-nous ce qui vous dérange. 7. Je connais un restaurant dans lequel (où l') on t'invite à choisir les plats dans la cuisine. 8. L'homme à qui (avec qui) j'ai parlé était très enrhumé. 9. Elle le traite d'une façon qui ne me plaît pas. 10. L'étudiante chez qui Hervé peut habiter lui plaît beaucoup.

**Übung 11**
2. Finver m'a volé mon stylo que ma mère m'a acheté. 3. On va rencontrer les amis avec qui nous sommes allés ... 4. Louis est un très bon pianiste qui étudie au Conservatoire de Paris. 5. Vienne est une ville splendide où Nora aimerait rester toute sa vie. 6. Hawaii est une ile magique où je passerai mes vacances. 7. ... une amie d'enfance qu'il n'a pas vue depuis 10 ans. 8. Ils se sont vus dans un café, ce qui lui faisait plaisir. 9. Elle a un grand défaut: elle est bavarde, ce que Finver n'aime pas. 10. Pourtant elle est une très bonne amie de Finver sans qui il n'aurait pas pu ...

**Übung 12**
1. le livre que j'ai écrit, qui me plaît, avec lequel je gagne beaucoup d'argent, dans lequel (où) je raconte ma vie 2. les photos pour lesquelles j'ai payé beaucoup d'argent, qui ne plaisent pas à Finver, que je t'offre, sur lesquelles il y a déjà de la poussière 3. la région où j'habite, que j'aime, pour laquelle je m'engage, que je veux vous montrer 4. mes parents qui y habitent aussi, chez qui je vais aujourd'hui, avec qui je m'entends bien, que je veux te présenter 5. Nora avec qui je m'amuse, qui habite à Vienne, que nous rencontrerons à Paris aujourd'hui, qui écrit beaucoup d'exercices 6. c'est ce que je ne veux pas dire, ce qui m'intéresse, ce qui me rend triste, ce qui me plaît

**Übung 13**
1. qu' – auquel 2. auxquelles – à laquelle 3. à qui 4. auquel – auxquelles 5. à laquelle – auxquels

**Übung 14**
2. ... une mesure injuste contre laquelle il faut lutter. 3. Catherine a oublié sa poupée sans laquelle elle ne veut pas dormir. 4. ... la connaissance de Séverine à qui il pense ... 5. ... un petit ami qu'elle adore. 6. Finver n'a pas de petite amie, ce qui le rend triste. 7. ... livres de grammaire auxquels elle tient beaucoup. 8. ... avec une Francaise pour qui il ferait tout. 9. ... a sonné, ce que je trouve inadmissible. 10. ... un gâteau auquel j'aurais ajouté du sucre. 11. Jo admire Sylvester Stallone à qui il s'identifie sans cesse. 12. ... le pont Alexandre sous lequel nous avons déjà dormi. 13. Mimi a un beau regard que je trouve séduisant.

**Übung 15**
1. l'église à coté de laquelle nous habitons 2. la rue au milieu de laquelle il gare sa voiture 3. les maisons à coté desquelles les enfants jouent 4. les aventures au cours desquelles il trouve sa femme 5. le cinéma en face duquel Mireille attend 6. le parc au milieu duquel nous nous trouvons 7. le fleuve le long duquel nous nous promenons 8. L'école à droite de laquelle mon père travaille 9. les voitures à coté desquelles Finver dort

**Übung 16**
1. de laquelle 2. desquels 3. auxquels 4. sur laquelle – qui 5. duquel – que – où 6. qu' 7. que – desquelles – qui 8. auxquels 9. à laquelle.

***Exercice de chef*, Seite 28**
1. duquel 2. où 3. qui – que 4. à qui 5. ce qu' 6. ce qu' 7. duquel – ce qui 8. qu' – ce qui 9. qui 10. duquel 11. duquel 12. où – ce qui 13. qui – ce qu' 14. où

**Übung 17**
1. La maison dont je m'occupe 2. Les gens dont je t'ai parlé 3. Les gens à qui (avec qui) j'ai parlé 4. Le séjour dont il a beaucoup profité 5. La maladie dont il souffre 6. Les choses auxquelles je pense 7. La voiture dont nous rêvons 8. La situation dont je me plains 9. Les rôles que je joue 10. La femme à qui je m'intéresse

**Übung 18**
1. qui – dont – qui 2. dont – dont – qui – qui – qu' 3. dont – que – qui – dont – à qui – dont

**Übung 19**
2. ... son gendre dont elle est très fière. 3. ... un tableau dont je me suis moqué. 4. ... la maison rose dont ils rêvaient. 5. C'est une bonne idée dont il m'a parlé hier. 6. ... un élève studieux dont l'institutrice était satisfaite. 7. ... de cette actrice dont mon père parlait .... 8. ... la femme de sa vie dont il est follement amoureux. 9. ... deux enfants du Pérou dont ils s'occupent bien. 10. ... les clous dont j'ai besoin.

**Übung 20**
1. Voilà M. Roi dont la femme est une amie de Mimi. 2. J'ai vu Mimi dont j'aime bien les yeux. 3. Voilà Mimi dont les yeux sont presque noirs. 4. Les Malin, dont Nora va garder les enfants, vont sortir ce soir. 5. Je vais rencontrer Nora dont les parents habitent à Paris. 6. Je cherche une maison dont les chambres doivent être larges. 7. On attend Patrice dont nous allons fêter l'anniversaire. 8. Moi, je n'aime pas M. Jackson dont mon père connaît toutes les chansons.

**Übung 21**
1. C'est un ami dont les parents habitent au Mexique. 2. C'est un ami dont tu connais aussi les parents. 3. C'est un ami dont la soeur est très belle. 4. C'est un ami dont la soeur m'admire. 5. Finver est un peintre dont les tableaux ne me plaisent pas. 6. Finver est un peintre dont personne n'achète les tableaux. 7. Ce sont M. et Mme. Meyer dont la fille s'appelle Séverine. 8. Ce sont M. et Mme. Meyer dont je connais bien la fille. 9. Elle a un ami dont le prénom est Henri. 10. Elle a un ami dont la voiture est vraiment vieille.

**Übung 22**
2. La maison, dont la porte est ouverte, est une synagogue. 3. C'était un de mes élèves dont j'ai oublié le nom. 4. Séverine, dont le frère est pilote, prend souvent l'avion pour rentrer. 5. Finver est un peintre dont les tableaux n'ont pas de succès. 6. Je vais te donner un livre dont je te conseille la lecture. 7. Ces chaussures, dont la couleur me plaît, sont trop petites. 8. Alain, dont les parents habitent en Bretagne, a visité plusieurs fois le Mont-Saint-Michel. 9. J'aime Paris dont je connais déjà toutes les curiosités. 10. Finver aime vivre à Paris dont les grands parcs lui plaisent le plus.

**Übung 23**
1. Je parle de mon assistante dont les parents vivent en Alsace. 2. L'assistante, dont je parle, s'appelle Séverine. 3. Nous regardons un film dont la fin est triste. 4. J'aimerais vivre dans une ville dont les rues sont toujours propres. 5. Il me vend une voiture dont je serai fier. 6. La fille, dont tu es amoureux, est très gentille. 7. Prèsente-moi la fille dont les amies parlent espagnol. 8. J'écris un livre dont le héros va vous plaire.

**Übung 24**
1. lequel 2. dont 3. que 4. qui 5. dont 6. duquel 7. que 8. dont 9. lequel

**Übung 25**
1. qui – qu' – dont – dont – qui – dont – qui – dont 2. qui – qui – dont – qui – que – dont – que – à qui 3. dont – qui – auxquels – desquels – qui – que – dont – dont 4. dont – dont – qui – que – duquel 5. que – qui – dont – à qui – que – que – qui – à qui – dont

**Übung 26**
2. L'objet dont Finver se sert est un rasoir pour les vers. 3. Vous risquez la bonne reputation que vous avez. 4. Séverine téléphone chaque jour à Henri, ce qui coûte cher. 5. Les plages de Nice au bord desquelles viennent s'échouer les méduses sont petites. 6. Nathalie avec qui je partirai en Egypte parle très bien l'arabe. 7. Hier j'ai fait la connaissance de Roma qui vient de Pologne. 8. Emine qui a souvent des fous rires est la meilleure amie de Nora. 9. Le drapeau français dont le blanc représente la fleur de Lis, ... est tricolore. 10. Michelle dont la mère est australienne est bilingue. 11. Mes amis anglais à qui j'ai envoyé plusieurs invitations sont enfin venus ... 12. Paul à qui Finver donne des cours particuliers a une prononciation ... 13. L'Autriche, dont la capitale est Vienne, se trouve ... 14. Le cidre que j'adore est une spécialité de Bretagne. 15. Hier il y a eu une grande fête chez nous au cours de laquelle Finver a présenté ses tableaux.

***Exercice du chef 1*, Seite 42**
1. qui – dont – dont – qui – dont – de qui 2. qui – dont – dont – de laquelle – qui – qu' 3. qui – à qui -dont -qui – dont 4. où – qu' – où – laquelle – dont – dont 5. qui – laquelle – que – qui – dont

***Exercice du chef 2*, Seite 43**
1. dont – qui – laquelle 2. qui – dont – dont – qui 3. ce que – qu' 4. auxquelles – lesquels 5. dont -qui 6. desquelles – qui – ce qui 7. auquel – dont

## INFINITIVKONSTRUKTIONEN

**Übung 27**
2. Mademoiselle Véro croit travailler beaucoup. 3. Je ne pense pas venir ce week-end. 4. Ils affirment être innocents. 5. Yves avoue ne plus aimer sa femme. 6. Elle s'imagine gagner beaucoup d'argent ... 7. Nous admettons ne pas toujours être sincères. 8. Michelle déclare être millionnaire.

**Übung 28**
2. Finver a juré ne pas le connaître. 3. Finver affirme la dire. 4. Mais je l'entends mentir à ce moment. 5. Finver les a vus (!) casser la vitrine. 6. Nora croit devoir les corriger. 7. Elle avoue en avoir besoin. 8. Elle souhaite la terminer. 9. Nora prétend le brûler.

**Übung 29**
1. – 2. à 3. à 4. – 5. à 6. à 7. à 8. –

**Übung 30**
1. Nous vous invitons à venir chez nous. 2. Il s'est décidé à passer le permis de conduire. 3. M. Ver oblige ses élèves à faire leurs devoirs. 4. As-tu pensé à acheter du beurre, du lait et de la farine? 5. Finver apprend doucement à ne pas être toujours offensé (vexé). 6. Il prétend pourtant être un ver plein d'humour. 7. Mes parents ont hesité à nous prêter leur maison pendant leurs vacances. Ils n'étaient longtemps pas prêts à nous laisser la maison. 8. Nous avons pourtant juré (de) ne rien casser et (de) ne pas organiser de surboums. 9. Nous nous sommes amusés (nous nous amusions) à nous asseoir sur la terrasse et à boire du champagne. 10. Quand Finver m'a poussé à ouvrir les bouteilles de vin de papa, je lui ai dit non.

**Übung 31**
2. Muriel est contente d'avoir un bébé très sage. 3. Michel est sûr de ne plus vouloir fréquenter le cours de langue. 4. Papa essaie d'arreter de fumer. 5. Maman est fière de passer le permis de conduire. 6. François apprend à maîtriser sa colère. 7. Grégory a l'intention d'arrêter ses études. 8. Olivia jure de quitter le travail ... 9. Marc se décide à déclarer son amour à Paulette. 10. Paulette décide de ne pas devenir sa petite amie.

**Übung 32**
1. de 2. à 3. – 4. à 5. à 6. – 7. de 8 à.

**Übung 33**
1. Nous sommes déçus de ne pas pouvoir vous accompagner. 2. Mes parents sont fachés de ne pas pouvoir partir. 3. Je n'ai pas l'intention de vous présenter mon ami. 4. Elle n'avait pas le temps de laver ses cheveux. 5. Laure a toujours peur de ne pas être aimée. 6. Quand vas-tu (est-ce que tu vas) lui interdire de regarder la télé des heures entières. 7. Ils ont décidé de ne pas rester en France en été. 8. Est-ce que Véro rêve toujours de devenir pilote? 9. Es-tu surpris (étonné) de me rencontrer ici? 10. Finver promet de ne plus embêter (fâcher) nos chats.

### *Exercice du chef*, Seite 55

1. – / à / à  2. de / de / de / de  3. – / d' / d'  4. de  5. à / de / d' / à  6. à / de / à / à  7. de / d' / de  8. de / –  9. à / de

### Übung 34

2. Mathieu est fier de l'avoir écrit.  3. Nous sommes sûrs de lui avoir donné le cadeau.  4. Elle a peur de ne pas être partie à l'heure.  5. Olivier est heureux de l'avoir réussi.  6. Nous sommes déçus de ne pas y être allés.  7. Je suis surpris de les avoir rencontrés ...  8. Maman est contente d'y être partie ...  9. Eric et Lucie sont malheureux de s'être disputés.  10. Bernadette est désolée de l'avoir renversé ...

### Übung 35

3. –  4. –  5. Je crois avoir réussi ...  6. Nicolas avoue avoir été méchant avec sa mère.  7. –
8. Les élèves pensent de ne pas avoir assez appris.
9. Marc a admis avoir triché à l'examen.

### Übung 36

1. Il était surpris de ne pas nous avoir vus au club.
2. Je suis heureux de lui avoir fait part de ma décision.  3. Nous nous excusons de les (l') avoir offensés(. . ée).  4. Elle était contente d'avoir passé ses vacances avec Pierre.  5. J'étais choqué d'avoir rencontré Mémé avec un inconnu.  6. Elle a affirmé avoir été une amie de sa femme.
7. Etes-vous déçus de ne plus avoir acheté de billets pour le concert de Tina Turner?

### Übung 37

2. Kevin est malheureux d'avoir perdu ses clés.
3. Robert jure de ne pas avoir arraché toutes les roses.  4. Nathalie est déçue de ne pas être allée à la fête.  5. Nora a l'impression d'avoir attendu Séverine pour rien.  6. Roger affirme avoir lu tous les livres.  7. Eve a peur d'avoir blessé son fiancé.
8. Jojo croit avoir retrouvé un bon ami.  9. Andi dit s'être bien amusé.  10. Mémé a l'impression de ne pas avoir pris beaucoup au buffet.

### Übung 38

2. Il pleurait après avoir lu la lettre de son ami.
3. Avant de nous rencontrer, ils vont au cinéma.
4. Il s'est présenté à l'examen après avoir appris deux mois.  5. Avant de partir à la piscine, nous avons fini nos devoirs. (Après avoir fini ..., nous sommes partis ...)  6. Marc a fait un gâteau sans y avoir mis du sucre.  7. Finver a donné mon argent à une femme sans que la femme lui ait dit son nom.  8. Julien est rentré pour se changer.
9. Avant de partir, ma tante est venue nous dire au revoir.  10. Finver a fait le ménage de printemps pour que les autres l'admirent.

### Übung 39

1. Elle avait la permission de partir en vacances avec ses amis à condition de ne pas essayer de drogues.
2. Après avoir promis à sa mère de toujours rester dans le groupe, elle a appelé son amie pour lui raconter que ses parents lui permettaient le voyage.
3. Une semaine avant de partir, ils se sont rencontrés au café Cactus.  4. Sous prétexte de vouloir lui montrer quelques livres, Cédric qui voulait aussi partir avec eux, l'a invitée à aller chez lui.  5. Au lieu de lui montrer des livres, il a essayé de l'embrasser.  6. Après lui avoir dit qu'elle était amoureuse de quelqu'un d'autre, il est devenu triste.  7. Avant de le quitter, elle lui a promis de l'appeler (de lui téléphoner)  8. Après être arrivée à la maison (rentrée), elle a pensé à Cédric.  9. Elle l'a appelé encore une fois pour lui dire qu'elle ne savait plus si elle était amoureuse de quelqu'un d'autre.  10. Après lui avoir dit qu'il l'aimait bien, il lui a demandé (proposé) de l'accompagner au cinéma le lendemain.

### Übung 40

1. Je continue à espérer que Finver va finir par voir ses défauts.  2. Notre professeur vient de nous dire le sujet à réviser pour l'examen.  3. Nous aimerions bien aller à la piscine.  4. Qu'est-ce que vous faites? Etes-vous en train de dîner?  5. Je pleure parce que mon ami vient de me quitter.  6. Bernadette continue à dormir bien qu'il soit 10 heures.
7. Ton père, a-t-il cessé de te gronder quand tu vois Cédric?  8. Robert et Etienne sont en train de se disputer / continuent à se disputer / ne cessent pas de se disputer  9. Tu as arrêté de fumer? Tu continues à fumer?  10. Nous avons fini par trouver un terrain à bâtir.  11. J'aime mieux / je préfère aller à pied.  12. Finver n'arrête pas d 'affirmer que nous avons quelque chose contre lui.  13. Séverine a failli arriver trop tard à l'aéroport.

### *Exercice du chef*, Seite 68

2. Vous préférez vraiment venir ...?  3. Je vais téléphoner à Fabius pour lui demander ...  4. Je ne pense pas l'avoir déjà rencontrée.  5. Finver est certain d'avoir suivi ...  6. Mimi et moi, nous regardions le soleil se coucher.  7. Mes élèves sont tristes de ne pas avoir fait.  8. Il avait mal au coeur après avoir bu trois cognacs.  9. Séverine a l'habitude de dormir jusqu'à midi.  10. Je vais la remercier de s'être dépêchée pour ...  11. Il faut interdire aux enfants de fumer sur la terrasse. 12. Flora parle trop vite. Elle est difficile à comprendre.  13. Andi n'a pas hésité à la sauver. 14. Je jure ne pas les connaître.  15. Nos voisins sont obligés de s'occuper du jardin.  16. Il est facile d'y conduire.  17. Hier, j'ai vu une voiture intéressante. J'ai failli l'acheter.  18. Dites-lui d'arrêter d'écraser ses cigarettes sur notre tapis. 19. Hier notre voisin a avoué avoir battu sa femme.  20. J'espère ne pas être obligé de venir.

## DER *SUBJONCTIF*

**Übung 41**
2. que nous allions 3. que vous partiez 4. qu'ils répondent 5. que j'apprenne 6. qu'il dorme 7. qu'elle boive 8. que tu viennes 9. qu'il coure 10. que nous regrettions 11. que je me taise 12. que nous mentions 13. qu'il tienne 14. que vous receviez 15. que je sorte

**Übung 42**
1. je dise – j'aie 2. nous soyons – ils mettent 3. je meure – tu couvres – il choisisse 4. nous allions – il tienne – nous nettoyions – j'aille 5. tu espères – il jette – ils mènent 6. nous ayons – il soit 7. nous battions – nous écrivions.

**Übung 43**
2. que tu aies 3. qu'il soit 4. que nous allions 5. que vous partiez 6. qu'ils répondent 7. que j'apprenne 8. que tu veuilles 9. qu'elle boive 10. que nous venions 11. que nous voyions 12. qu'ils courent 13. que vous connaissiez 14. qu'il doive 15. que tu mettes 16. que nous sachions 17. qu'ils fassent 18. qu'elle puisse 19. que nous réagissions 20. qu'ils prennent 21. que je parle 22. que nous écrivions 23. que tu lises 24. que vous offriez 25. que je descende 26. que nous mangions 27. qu'ils cherchent 28. qu'ils veuillent 29. que tu rendes.

**Übung 44**
1. soit arrivée 2. l'ayons compris 3. l'ayez achetée 4. ne les ayons pas accompagnés 5. soient descendues 6. ait réussi 7. aient eu 8. soient allés 9. n'ait pas dérangé 10. se soit levée

**Übung 45**
1. restiez 2. sorte 3. vienne 4. disiez 5. aille 6. puissent 7. restions

**Übung 46**
2. Mais Kathi exige que Séverine range sa chambre. 3. Ses parents ne veulent pas qu'elle vive à l'étranger. 4. Tu préfères qu'il revienne tout de suite. 5. Votre mère permet que vous alliez au cinéma. 6. Séverine veut que Henri reçoive la lettre demain. 7. Le prof demande que Chantal et Claudine sachent tout. 8. Bruno désire que Nora finisse ses études en janvier. 9. Notre père interdit que nous rentrions après minuit. 10. Bernadette regrette que Trixie dorme jusqu'à midi.

**Übung 47**
2. Marie refuse que nous prenions le petit déjeuner chez elle. 3. Le prof accepte que vous le tutoyiez. 4. Je ne tolère pas que vous rentriez après minuit. 5. Mes parents empêchent que nous soyons toujours ensemble. 6. Son prof de maths ne veut pas que Sylvie se sente découragée. 7. Ses parents n'approuvent pas que Paul sorte avec elle. 8. Ma mère recommande que tu fasses la cuisine pour moi.

**Übung 48**
2. ne sache pas 3. ne soit pas devenue 4. n'aient pas appelé 5. parte/ soit partie 6. tienne 7. n'arrive/ ne soit arrivé (Dieses „*ne*" heißt „*ne explitif*", gehört einer gewählten Sprache an und muss nicht unbedingt geschrieben werden. Es ist keine Verneinung, sondern ein Wort, das „das Mögliche" des *que*-Satzes verstärkt.) 8. nous nous soyons mariés 9. soit 10. fasse

**Übung 49**
1. regrettes – t'aient acheté – n'as pas – se mêlent 2. ne sais pas – dois – me suis réjouie – m'aient offert 3. m'entends – crains – ne plaise pas – n'ont jamais été 4. ne le connaissent pas encore – l'ont vu – refusaient – sorte 5. est – préfère – ne le rencontrent pas 6. veux – reste – est – désire – apprennent 7. j'ai – rejettent – essaient 8. comprends – crois – as – soient 9. craignons – ce n'ait été (Erklärung zum ne siehe Übung 48) – j'ai – ne puisses pas 10. propose – présentes – parliez 11. aies – dois – j'aie 12. finiront 13. comprendront

**Übung 50**
2. Il se peut que maman ne connaisse pas ... 3. Il ne suffit pas que Paul apprenne ... 4. Il vaut mieux que nous rentrions. 5. Il faut qu'elle l'apprenne. Il lui faut l'apprendre. 6. Il est temps que tu prennes conscience ... 7. Il importe qu'il fasse attention ... 8. Peu importe que vous agissiez d'une manière bizarre.

**Übung 51**
1. aidiez – crains – soit – n'a pas encore préparé (ne prépare pas encore) – regardiez 2. soient – viennent – veulent 3. sortiez – buviez – ayez – compreniez 4. ait – utiliseront/ utilisent – se protège 5. craignons – n'ayons pas – trouviez

**Übung 52**
1. ait vendu 2. n'ait pas encore corrigé 3. ne fassent pas 4. boivent 5. ait trouvé 6. rentres 7. aies – fasses

**Übung 53**
1. donnes – puissent – n'avons pas 2. disiez – recevez – ne réfléchissiez pas – achetez – dépensiez – comprenez/ comprendrez 3. dises – devons – fasse – veut 4. compariez – respectiez – pense 5. apprenne – compreniez – soyez – vive 6. attendions – remettions 7. remette – j'ai déjà trouvé – dise – prends 8. dis – vives – est

**Übung 54**
1. Est-ce que tu veux que nous fassions le devoir ensemble? 2. Je regrette que vous ne soyez pas venus hier. 3. Ma mère craint toujours que je ne lui dise pas la vérité. 4. Sa mère ne permet pas qu'il apprenne tout. 5. Il nous faut tirer les conséquences de cette histoire. 6. Sa mère ne supporte pas qu'il se soit marié. 7. Nous sommes contents que tu aies reçu (remporté) le prix. 8. Je doute qu'il veuille nous répondre. 9. Nous supposons qu'il n'ait pas pris l'autoroute.
10. Finver a peur que ses tableaux ne vaillent pas grand-chose. 11. Finver? Il se peut qu'il ait été malade. 12. Il arrive que Finver ne rentre pas le soir. 13. Il vaut mieux que je ne sache pas où il passe ses nuits. 14. Ça me déplaît (Je trouve déplaisant) qu'il soit en mauvaise compagnie.
15. Je m'étonne que le Bois de Boulogne lui plaise tant. 16. Je crains que nous n'ayons des problèmes. 17. Finver préfère que nous ne lui demandions rien. 18. Mes parents s'inquiètent que Finver n'ait pas encore trouvé de travail.
19. Ils ne veulent pas qu'il vive de mon argent.

**Übung 55**
1. voulaient – m'ont répondu – étaient 2. était – abritait – était 3. m'amusait – aient été 4. viennent – passera 5. étaient/ seraient – s'entendaient 6. demander – avaient – accompagnent – faut -respectiez – dis 7. n'aiment pas – ne veuillent pas 8. avait – pourrait/ pouvait – irait/ allait
9. nous rendions / nous soyons rendus – visitions
10. découvrions – prennent

**Übung 56**
prend – n'ait – vois – suis – se moque – adresse – faut – j'arrive – parle – suis – ne puisse pas – rate – me recommandent – direz – dois;
peux – entreprennes – sois – puisse – prévienne – essaies – comportes – soient – ne l'impressionnent pas – aies écrit – j'ai fait – plaisait – rejette – nous ne nous sommes plus quittés – n'hésite pas

**Übung 57**
2. Paulette trouve bien que sa mère ait passé ...
3. Robert est faché que nous soyons partis ...
4. Séverine est contente de travailler à Paris.
5. Les enfants de Trixie sont tristes que Séverine retourne à Paris. 6. Jola est ravie que son amie lui ait présenté ... 7. Paco est surpris de revoir Jola ...
8. Finver est étonné de rencontrer ... 9. Il est fier que les autres le reconnaissent ... 10. Nous sommes heureux d'avoir du succès.

**Übung 58**
1. Anne est heureuse que François ait pris des vacances en mai. 2. Ils sont contents de partir ...
3. François est ravi que sa mère lui ait donné ...
4. La mère est désolée de ne pas avoir dit ... 5. Elle est surprise que Francois lui en ait apporté ... 6. Ils sont étonnés que Vienne soit vraiment ... 7. Ils sont heureux d'avoir rencontré Séverine. 8. Séverine est enchantée que les deux puissent habiter ... 9. Monique est triste de ne pas avoir le temps ... 10. Elle est satisfaite que les deux lui aient écrit ...

**Übung 59**
1. Je suis content de vivre à Paris. 2. Finver est triste que nous ayons quitté Cannes. 3. C'est tout à fait normal qu'il préfère Cannes à Paris.
4. Je suis désolé que nos amis ne viennent que rarement à Paris. 5. Es-tu surpris d'avoir reçu trois lettres de moi? 6. Mes parents sont fiers que j'aie réussi l'examen. 7. Ils sont heureux d'avoir été à la fête de fin d'études. 8. Est-ce que vos mères sont heureuses que vous appreniez sagement?
9. Le père de Paul est choqué qu'il ne veuille pas terminer l'école. 10. Il est content d'avoir persuadé Paul de passer l'examen.

**Übung 60**
2. Ils sont contents d'avoir choisi Grasse ... 3. C'est normal qu'ils y aient observé ... 4. Caroline est triste que son père ne lui ait pas acheté ... 5. Ils étaient heureux que je leur aie dit de visiter ...
6. Pour eux, c'est surprenant que l'arrière-pays de la Côte d'Azur ne soit pas surpeuplé. 7. Finver est triste de ne pas encore connaître Saint-Paul-de-Vence. 8. Au cours de ma première visite, j'étais étonné d'y trouver un musée remarquable ... 9. De plus j'étais ravi que la nature de cette région soit vraiment intacte et qu'on y trouve encore le calme.
10. C'est dommage que, sur la Côte, on ne puisse pas échapper au tumulte.

**Übung 61**
1. Nous sommes étonnés (surpris) de ne pas y trouver de touristes. 2. Il trouve surprenant que ce village ne soit pas encore surpeuplé. 3. C'est amusant que j'y aie rencontré un ami. 4. Finver trouve bien que je n'aie pas invité mes parents.
5. Ils sont tristes de ne pas pouvoir nous accompagner. 6. Je trouve mal qu'ils ne me l'aient pas dit.
7. Finver ne trouve pas normal qu'ils veuillent passer toutes les vacances à Nice. 8. Papa est mécontent que maman ne veuille pas prendre l'avion. 9. Il trouve regrettable de ne jamais avoir été à L.A. pour cette raison. 10. Ma mère est heureuse de ne pas être obligée d'aller (de ne pas devoir aller) aux Etats-Unis.

**Übung 62**
2. C'est intéressant de connaître tous les nouveaux produits ... / C'est intéressant que je connaisse ...
3. C'est bien que la pub fasse connaître des produits. 4. Mais je sais que la pub peut aussi créer ... 5. J'étais vraiment choqué d'avoir acheté

des choses ... 6. J'étais effrayé que mon grand-père ait acheté ... 7. Mémé disait toujours que la pub nous incitait à acheter des produits. 8. Je suis sûr que la pub joue quand-même un rôle ... 9. Les metteurs en scène espèrent que la pub influence / influencera le choix des consommateurs. 10. Je suis heureux que Finver ne soit pas influencé.

**Übung 63**
1. voulait – ait permis – ne me le permettrait pas – demandais 2. roulions – l'ait achetée 3. donnait – ne permettaient pas – m'en achète.

**Übung 64**
2. Avant que je sorte, tu dois me dire la vérité./ Je ne sortirai pas avant que tu me dises la vérité. 3. Vous ne gagnez pas beaucoup bien que vous travailliez dur. 4. Pierre achète ce livre afin qu'il puisse l'aider dans ses études. 5. Il veut bien prendre un bain pourvu que l'eau soit chaude. 6. Autant que je sache, elle est partie en Grèce. 7. Je prépare le dîner à Finver avant qu'il parte en voyage.

**Übung 65**
2. Michel prend la voiture de son père sans qu'il le sache. 3. Je garde leurs enfants jusqu'à ce qu'ils reviennent. 4. Manon ferait tout pour revoir Florian. 5. J'ai compris ce qu'il voulait avant qu'il l'ait dit. 6. Florian ne téléphone plus pour que Manon sache qu'il ne l'aime plus. 7. Florian part sans essayer de parler à Manon. 8. Manon aimerait revoir Florian afin de lui dire qu'elle l'aime. 9. J'ai invité ma famille sans rien dire à Finver. 10. Ma famille a accepté mon invitation pourvu que Finver soit poli.

**Übung 66**
1. fait 2. était – sache (l'ait su) 3. partes 4. parle (ait parlé) 5. demandes – donnera (demandais – donnerait; avais demandé – aurait donné) 6. ne fasse pas – ne marchait pas 7. ait contrôlé 8. étais parti – a allumé 9. mette 10. ait permis 11. était venue – j'aurais été.

**Übung 67**
1. Il nous rend visite pour que nous lui expliquions le problème. 2. Avant que j'aie pu l'appeler, il était déjà arrivé. 3. Avant de partir, éteins la télé, s'il te plaît! 4. Est-ce que vous voulez attendre ici jusqu'à ce que mes parents rentrent? 5. Je pars bien que j'aie beaucoup de travail. 6. Autant que nous sachions, Finver ne retourne/ retournera plus à Paris. 7. Il revient à condition qu'il reçoive son propre appartement. (auch: à condition de recevoir...) 8. M. Ver est d'accord à condition que Finver paie le loyer lui-même. 9. Finver écrit une annonce pour trouver un job. 10. M. Ver aide Finver à chercher un appartement pour qu'il/ afin qu'il soit enfin content.

**Übung 68**
1. L'été approche et je ne sais pas ce que je ferai pour pouvoir dire après que j'étais contente. 2. Mes parents ne permettent pas que j'aille en Italie avec Alain en août bien que je gagne assez d'argent en juillet. 3. Ils ont peur que quelque chose puisse m'arriver. 4. Je pense que mon ami doit encore attendre jusqu'à ce que j'aie 18 ans. 5. Je n'ose pas partir sans que mes parents le sachent. 6. Alain, mon ami, est content que ses parents ne soient pas aussi conservateurs. Ils acceptent que leur fils fasse ce qu'il veut. 7. Il nous rendra visite ce soir et il parlera à mes parents afin qu'ils disent encore oui. 8. J'espère qu'il réussira à les convaincre (qu'il pourra les convaincre) avant que ma petite soeur rentre, parce qu'elle est aussi contre mon voyage. 9. Je crains qu'elle ne soit jalouse. Ce n'est pas que nous ne nous entendions pas, mais elle a plutôt peur de me perdre. 10. Elle pense que je n'aurai plus assez de temps pour elle si mes parents ne m'interdisent plus de voir/ rencontrer Alain plus souvent. 11. Bien que j'aime vraiment mes parents, je suis fâchée qu'ils me traitent encore comme une petite enfant.

**Übung 69**
1. Mange des épinards pour reprendre des forces. 2. Je suis fatigué bien que je n'aie pas travaillé. 3. C'est dommage que tu sois rentré trop tard. 4. Je ne crois pas que Paris ne te plaise pas. 5. Je suis désolé que vous n'ayez pas fait vos devoirs. 6. Henri m'a dit connaître tous les cafés .../ qu'il connaissait ... 7. Cela me surprend que vous n'ayez pas vu le Sacré Coeur et que vous ne soyez pas montés à la Tour Eiffel. 8. Vous devez le faire avant de rentrer à Vienne. 9. Si vous voulez visiter cette exposition, il se peut que vous fassiez longtemps la queue. 10. Je crains que tu n'aies plus le temps pour visiter le musée Rodin. 11. Le vendeur ne veut pas changer ma jupe bien qu'il y ait un trou. 12. Je suis heureux de m'être bien reposé ... 13. Si vous continuez à faire du bruit, j'appellerai la police.

**Übung 70**
1. est 2. ne soit pas 3. ait – sauver 4. aura/ a – viennes 5. prennent 6. se rendront 7. soit 8. réagissent 9. sommes 10. changent 11. entraidons/ entraidions – sauverons/ sauverions 12. laisser 13. avait fait – ne serait pas obligé 14. sont 15. ait 16. reprenne 17. ait – ont changé/changent 18. peut – soit arrivé 19. prenne – court

**Übung 71**
1. soit 2. écrive – envoies 3. préfères – passe 4. aies 5. ne suis pas/ n'étais pas – dirai/ dirais 6. faisait – fallait 7. fasse – doit/ devrait 8. suis –

ne veuilles pas – aime 9. comprennes 10. soit 11. se décide – aies pris/prennes 12. existe – attrapes – es -se moqueront 13. dises – étais – énumères 14. aies – sont 15. respirions – ne pars pas – voyagerai

**Übung 72**

2. C'est la seule chose que je puisse faire pour toi. 3. Nous cherchons des hôtels qui soient calmes. 4. Hier elle a vu le meilleur film qu'elle ait jamais vu. 5. Il a acheté la voiture la plus chic qu'il y ait en ville. 6. Pour moi Muriel est la plus belle femme qu'Eric connaisse. 7. Anne aimerait trouver un homme qui sache tenir une maison. 8. Phil a/ aurait besoin d'un père qui soit sévère.

**Übung 73**

1. sait – ne puisse pas 2. soit – est 3. joue – fasse – fait 4. soient – ne correspond pas 5. veuille – était 6. puisse – désire 7. est – puisse 8. sache – soit 9. connaisse – admire 10. lit – j'aie fait – lit

***Exercice du chef 1*, Seite 113**

Michel: ait parlé – Jean: discutions/ayons discuté – pouvais – serait – Thierry: n'ai pas été/n'étais pas – s'est dit – Finver: avons parlé – avons pris – Thierry: prenne – Finver: oublie – tombe – soit – ne soient pas – soit – ont – étais – aurais – Jean: rappelions – a – ait – savent – sont – refusent – Michel: dises – prenne – n'acceptes pas – Finver: as – était – pouvait – s'occupait – Thierry: nous nous protégions – peut – est – permettent – Michel: sachions – sommes – Finver: fassiez – t'entraîneras – Thierry: doive – en parlions

***Exercice du chef 2*, Seite 114**

1. Cela m'étonne qu'ils aient décidé de partir ... 2. J'éspère qu'il fera beau ... 3. Henri a peur de rater l'avion ... 4. Je t'invite au cinéma mais à condition que tu viennes à l'heure. 5. Vous apprenez vraiment beaucoup afin d'impressionner ... 6. Cela m'inquiète que Clemens n'ait pas encore commencé ... 7. Il est grand temps qu'il apprenne. 8. Après que je leur ai tout expliqué, ils peuvent travailler seuls. 9. Finver a dit à Mémé qu'il avait discuté du Sida avec ses amis la veille. 10. Finver trouvait bien que Mémé sache tout ... 11. Je t'interdis de sortir avec ce mec/ J'interdis que tu sortes ... 12. Votre père souhaite que vous restiez ... 13. Je m'en rejouis qu'ils aient acheté ... 14. Le vendeur regrette de ne pas avoir plus de temps ... 15. Maman ne supporte pas que je conduise vite ... 16. Après avoir fini cet exercice, nous allons chez Paulette. Nous finissons cet exercice avant d'aller chez Paulette. 17. Je suis triste que les élèves soient rentrés hier. 18. Je suis sûr qu'ils ont beaucoup profité ... 19. Tu veux que nous apportions le dessert? 20. J'aimerais mieux que vous vous occupiez de l'entrée ...

***Exercice du chef 3*, Seite 115**

**A**

1. Finver discute avec des amis sur le divorce/du divorce: Il faut que vous compreniez que le divorce est douloureux pour les enfants dans la plupart des cas. 2. Je ne crois pas qu'ils restent indifférents au conflit que leurs parents vivent. 3. Je suis convaincu qu'il est essentiel que vous connaissiez les effets du divorce. 4. Il est important de savoir que beaucoup d'enfants ont peur que leurs parents se soient quittés à cause d'eux. 5. Avant de me marier, je vivrai chez/ avec ma femme plusieurs années pour qu'on se connaisse vraiment. 6. Avant qu'une femme veuille vivre avec toi, tu as encore beaucoup à apprendre, Finver.

**B**

1. Vous voulez connaître Paris? Je recommande que vous vous rendiez d'abord à Montmartre pour visiter le Sacré-Coeur. 2. Je suis toujours étonné que la pierre de cette église reste blanche. 3. Nathalie explique que cette pierre s'éclaircit au contact des pluies acides. 4. Nous allons bien sûr à la tour Eiffel. Nous sommes heureux qu'il fasse beau mais nous craignons d'avoir le vertige quand nous monterons. 5. Finver préfère que nous nous arrêtions au premier étage. 6. Je sais qu'elle mesure 320 mètres. Je trouve qu'il serait mieux de.../ Je trouve mieux de vous attendre ici, dit-il. 7. Avant que nous allions à Notre Dame, Finver veut/ aimerait nous montrer le Musée d'Orsay. 8. Tu serais ravi si tu pouvais voir les tableaux qui s'y trouvent. Ce sont les plus beaux tableaux que j'aie jamais vus.

## DIE VERNEINUNG – *LA NEGATION*

**Übung 74**

2. Finver n'a jamais mis ses pieds ... 3. Il ne va pas vous raconter ... 4. Pierre ne pense plus réussir ... 5. Jean ne veut plus voir ... 6. Cathi n'a guère entendu de remarques désagréables. 7. Je ne les ai jamais mis ... 8. Cette clé ne va pas ouvrir ... 9. Séverine n'aimerait jamais être professeur. 10. Sophie ne préfère pas le lire/ Sophie préfère ne pas le lire.

**Übung 75**

1. Je n'ai pas acheté de cigarettes. 2. J'ai décidé de ne pas passer l'hiver à Paris. 3. Je ne mange jamais d'oranges. 4. Il prétend ne pas connaître ma femme. 5. Elle ne voulait plus nous voir. 6. Finver prétend ne jamais me déranger. 7. Il ne va plus faire de fautes. 8. Ce ne sont pas des amis. 9. Ne faites pas de bruit. 10. Je ne vais jamais revoir/ je ne reverrai jamais cette femme.

**Übung 76**
2. Non, rien n'a dérangé mon amie. 3. Non, nous ne prenons plus/ je ne prends plus de fromage. 4. Non, je ne connais rien de plus moche. 5. Non, Finver n'a jamais dit la vérité./ Il n'a pas toujours dit la vérité. 6. Non, il ne s'est moqué de rien. 7. Non, je n'entends rien dans le jardin. 8. Non, elle ne croit à rien. 9. Non, je préfère parler de rien. 10. Non, rien ne pourrait changer cette maison délabrée.

**Übung 77**
2. Non, je ne veux voir personne. 3. Non, nous n'allons téléphoner à personne. 4. Non, il regrette de n'avoir invité personne. 5. Non, il ne faut rendre visite à personne. 6. Non, il n'y aura personne chez moi. 7. Non, nous n'avons rencontré personne au café. 8. Non, je ne connais personne de très beau. 9. Non, il ne demandera à personne. 10. Non, elle n'attend personne.

**Übung 78**
2. Il n'y a plus personne chez moi. 3. Personne n'est parfait. 4. Elle préfère ne jamais travailler seule. 5. Henri ne croit rien et ne fait confiance à personne. 6. Rien ne le fait sourir. 7. Nora ne va jamais droit au but. 8. Finver n'admet pas avoir cassé le vase en cristal. 9. Elle n'a plus de farine pour faire ce gâteau. 10. Véro ne doit s'occuper de rien au bureau.

**Übung 79**
1. Finver a juré ne jamais se marier. 2. J'espère de ne plus le revoir. 3. Il ne pouvait rien faire d'autre. 4. Personne ne va lui demander si cela lui convient. 5. Elle ne veut inviter personne d'autre. 6. Nous ne nous occupions de rien. 7. Il prétend ne se souvenir de rien. 8. Mon père ne buvait jamais/ n'a jamais bu de café. 9. Je regrette de ne plus pouvoir l'aider. 10. Je ne me suis moqué de personne.

**Übung 80**
2. Non, il ne va ranger aucun livre. 3. Non, il n'y avait aucun bruit. 4. Non, nous n'avons reçu aucune aide. 5. Non, je n'ai trouvé aucun modèle qui me convienne. 6. Non, elle ne nous a envoyé aucune carte. 7. Non, aucun de ces noms ne nous rappelle quelque chose. 8. Non, ils n'ont aucun temps libre... 9. Non, il n'a pris aucun vêtement.

**Übung 81**
1. Non, je ne fais plus de voyages avec mes amis. 2. Non, elle n'a rien prévu pour cet été. 3. Non, nous ne sortons jamais. 4. Non, pas du tout, il n'avait aucune voiture. 5. Non, elle ne veut rien faire elle-même. 6. Non, il ne pense pas avoir réalisé / il pense ne pas avoir réalisé un bon tableau. 7. Non, nous n'avons pensé à rien. 8. Non, elle préfère ne rien demander à son père. 9. Non, elle n'a dit à personne qu'elle était amoureuse. 10. Non, elle ne s'occupe de personne. Non, elle ne s'occupe pas de personnes âgées. 11. Non, il n'a appris aucune formule chimique. 12. Non, il n'y avait personne dans le magasin.

**Übung 82**
2. *Personne ne pense jamais à Finver.* Niemand denkt jemals an Finver. 3. *Trixie n'a pas encore lu tous ses romans.* Trixie hat noch nicht alle ihre Romane gelesen. 4. *Elle est partie sans dire "au revoir" à personne.* Sie ist gegangen, ohne zu jemandem „Auf Wiedersehen" zu sagen. 5. *Annabelle ne reçoit jamais la visite de personne.* Annabelle erhält nie von jemandem Besuch. 6. *Anne n'en offre jamais.* Anne bietet nie welche(n) an. 7. *Elle s'est installée en Autriche sans y connaître personne.* Sie ist nach Österreich gezogen, ohne dort jemanden zu kennen. 8. *Pierre n'a plus vendu de livres.* Pierre hat keine Bücher mehr verkauft./ *Non, il n'a plus vendu aucun livre.* Er hat kein einziges Buch mehr verkauft. 9. *Personne ne l'a jamais aimé.* Niemand hat ihn je geliebt. 10. *Elle a fait ce travail sans rien te demander.* Sie hat die Arbeit gemacht, ohne dich um etwas zu bitten.

**Übung 83**
2. Non, je ne voudrais rien d'autre. 3. Non, il n'a jamais affirmé rien d'autre. 4. Non, nous ne nous y sommes plus amusés après ton départ. 5. Non, il n'a bu aucune de ces bouteilles. 6. Non, personne n'a rien remarqué. 7. Non, je ne peux jamais rien manger le matin. 8. Non, elle ne les lui a plus donnés. 9. Non, ce ne sont pas des vers parisiens. 10. Non, nous n'avons jamais vu rien de si beau. 11. Non, nous ne le prenons jamais pour aller à Paris.

**Übung 84**
1. Il n'a encore jamais mangé de viande. 2. Il n'a plus rien mangé. 3. Je n'ai encore rien mangé. 4. Nous n'avons toujours pas mangé. 5. Il n'a toujours mangé aucune viande. 6. Je n'arrive pas toujours à l'heure à l'école. 7. Nous n'avons pas encore de vacances. 8. Il n'a toujours invité personne. 9. Nous n'avons toujours aucune photo du bébé. 10. Je ne veux plus voir personne aujourd'hui. 11. Finver ne va plus m'offrir aucun tableau.

**Übung 85**
1. Rien ne va plus. 2. Il n'y avait plus personne à la maison. 3. Je ne connais toujours aucun ami de Finver. 4. Il n'est pas encore revenu. 5. Il n'a toujours rien gagné. 6. Il n'a encore jamais téléphoné à temps. 7. Ils n'ont encore demandé à personne. 8. Ils n'ont toujours demandé à

personne. 9. Est-ce que vous n'avez pas encore faim? 10. Vous ne faites plus jamais ça? 11. Tu ne vas bientôt plus avoir aucun ami.

**Übung 86**

1. Nous n'avons que de la bière à la maison.
2. Hier, je n'ai dormi que deux heures. 3. Seul mon ami est venu à ma fête. 4. Est-ce que vous n'avez lu que deux chapitres? 5. Mes parents sont non seulement compréhensifs mais aussi très généreux.
6. Non, Finver n'est pas malade, il n'est que fatigué.
7. Je ne vais lui demander que deux fois. 8. Vous ne me rendez visite que si vous avez besoin d'argent. 9. Son amie n'a que 16 ans. 10. Je ne veux passer qu'un (seul) jour avec eux.

**Übung 87**

2. Seul mon père a le permis de conduire. Il n'y a que mon père qui ait le permis de conduire. 3. Il n'est que fatigué. Il ne veut que dormir. Il est seulement fatigué. Il veut seulement dormir. 4. Je ne te montre mes disques que si tu m'accompagnes. Je te montre mes disques seulement si tu m'accompagnes. 5. Mes élèves sont non seulement polis/ ne sont pas seulement polis, mais aussi intelligents. 6. Je ne vais offrir un voyage en Irlande qu'à mes élèves. Je vais offrir un voyage en Irlande seulement à mes élèves. 7. Nous n'allons terminer que trois quarts de ce livre en août. Nous allons seulement terminer trois quarts de ce livre en août. 8. Dans cette région, on ne trouve que peu de touristes. Dans cette région, on trouve seulement peu de touristes. 9. Il n'y a que lui qui connaisse la réponse. Seul lui connaît la réponse.
10. Sa mère accepte seulement que nous regardions le film chez eux.

**Übung 88**

2. Je n'ai vu ni Lucie ni Finver devant le cinéma.
3. Finver n'a ni écrit de poèmes d'amour ni chanté sous la fenêtre de son amour. 4. Le policier ne l'a ni arrêté ni mis en prison. 5. Il n'a dû ni payer d'amende ni jurer d'être enfin raisonnable. 6. Ni mon père ni moi sommes allés le chercher à la prison. 7. Le lendemain, Finver n'a ni revu ni embrassé sa belle. 8. Il ne lui envoie ni fleurs ni chocolats. 9. Il n'est généreux ni gentil. 10. Lucie ne le prend ni pour un fou ni pour un rigolo.

***Exercice du chef 1*, Seite 138**

1. Il ne veut plus me revoir. 2. Finver ne va rien manger si je ne lui prépare rien. 3. Personne ne va lui acheter des boissons et de la glace. 4. Il ne pourra parler de ses problèmes à personne. 5. Je préfère ne rien raconter à mes parents. 6. Seule Mimi pourrait savoir où il se cache. 7. Je n'ai fait que des plaisanteries. 8. Mais il n'a jamais compris aucune plaisanterie. 9. Il n'a ni téléphoné ni écrit. 10. Il ne m'a toujours pas téléphoné. 11. Et si je ne le revois plus jamais? 12. Je ne comprends pas pourquoi il est parti sans dire un mot sans rien dire. 13. Il n'a jamais rien fait de mal. 14. Mes parents ne seront jamais plus heureux s'il ne revient pas chez eux et chez moi.
15. Je ne connais personne de plus gentil que lui.
16. Je ne m'occuperai de personne d'autre. 17. Il se peut qu'il ne veuille revoir ni ses amis ni Mimi.

***Exercice du chef 2*, Seite 139**

1. Je ne me suis jamais bien entendu avec Finver.
2. Il n'a jamais compris personne. 3. Il ne remplira plus la maison avec ses rires. 4. Finver n'allait jamais au théâtre. 5. Ce ver malin ne connaît aucune pièce de Molière. 6. Depuis l'école il n'a plus rien appris. 7. Finver n'est pas un gros consommateur de livres. 8. Il n'en a acheté aucun.
9. Il n'a pas d'ami qui travaille à la Comédie Française. 10. Finver qui n'aime pas le luxe ne se rend jamais à l'Opéra en taxi. 11. Finver n'est ni naif ni crédule. 12. Il ne croit plus au père Noel.
13. Il n'a aucun ami et aucune bonne copine.
14. On ne fêtera son retour avec personne. 15. Il n'ira plus jamais au cinéma avec moi. 16. Nous n'avons pas encore vu le dernier film avec Gérard Depardieu. 17. Moi non plus, je n'adore ni Isabelle Adjani ni Alain Delon. 18. Finver n'a jamais besoin d'aller au musée. 19. Il ne s'intéresse à rien.
20. Rien ne lui plaît et il ne plaît à personne. 21. Il ne fait rien pour ses amis/ pour personne.

***PLUS***

**Übung 89**

2. La grammaire est plus intéressante que la télévision. 3. Mes collègues ne travaillent pas plus que moi. 4. Versailles est le plus grand château en France. 5. En France, il n'y a plus de rois non plus.
6. Les pôles sont les endroits les plus froids sur terre.
7. Je n'ai plus de farine. 8. Mimi dépense le plus.
9. Mémé mange plus que Finver et moi. 10. Les cafés à Vienne sont plus confortables qu'à Paris.

**Übung 90**

1c – 2b – 3d – 4g – 5j – 6f – 7a – 8h – 9i – 10e

**Übung 91**

1. Tu ne sors plus? 2. Je n'ai plus d'argent. Toi non plus? 3. Est-ce que vous ne rentrez pas non plus à la maison aujourd'hui? 4. Mes amis sont plus souvent en discothèque que moi. 5. Mes parents sont les plus sévères. 6. Le père de Cédric gagne le plus. 7. Tu as encore ta petite amie? Non, je ne l'ai plus. 8. Est-ce qu'ils ont beaucoup appris? Certainement plus que nous. 9. Je ne veux plus jamais aller à l'école. 10. Dans ce cas, tu n'aurais plus (jamais) de vacances.

**Übung 92**
2. Monique lit le plus de livres de toute la classe. 3. Pierre achète moins de chaussures que sa femme. 4. Mais il a plus de chemises que son fils. 5. J'ai autant de pulls que lui. 6. A Paris, il y a plus d'habitants qu'à Vienne. 7. La ville offre plus d'écoles que la campagne. 8. La capitale possède le plus d'écoles.

**Übung 93**
2. Tante Adélaide écrit plus de livres que moi. 3. Elle travaille le plus. 4. Charles est gentil, mais Olivier me plaît plus. 5. Il est plus surprenant que Charles. 6. De tous ses amis ils gagne le plus d'argent. 7. Il ne veut plus vivre à Paris. 8. Vous n'avez plus de vacances? 9. Nicolas est le plus beau de tous les garçons. 10. Danielle n'a plus de chocolat pour faire un gâteau. 11. Jean gagne plus que Pierre. 12. Sa valise est toujours la plus lourde.

**Übung 94**
2. Kathi a plus de 15 poupées. 3. Ce monsieur possède plus de maisons que la famille Ducroix. 4. Henri rit plus que Séverine. 5. A Paris il y a plus de clochards qu'à Vienne. 6. Mémé dort plus que moi. 7. Mon père a plus d'argent que moi. 8. Mes élèves ont plus d'ordinateurs que de livres. 9. Paris compte plus de 9 millions habitants. 10. Nous travaillons plus que vous.

**Übung 95**
1. En automne, je vais avoir (j'aurai) plus d'élèves que l'année dernière. 2. Les petits Français ont plus d'heures de cours que les Autrichiens. 3. Mais en Autriche on commence plus tôt qu'en France. 4. Nous avons plus de notes que vous. 5. Les enfants ne veulent plus avoir de notes. 6. Les enseignants autrichiens ont plus de matières à enseigner. 7. Il y a beaucoup d'élèves qui ne veulent plus aller à l'école. 8. Beaucoup d'élèves travaillent plus que leurs parents. 9. Finver croit qu'il travaille le plus. 10. Il espère aussi être le meilleur ver. 11. Je ne crois plus cela depuis longtemps. 12. Pierre est l'élève le plus doué de ma classe.

**Übung 96**
2. C'est la plus grande chorale de Cannes. 3. Mémé et son amie chantaient toujours le plus haut. 4. Plus elle chantait, plus elle se sentait bien. 5. Si j'étais plus riche, j'achèterais ... 6. Les élèves essayaient de nous saluer le plus poliment possible. 7. Finver a fait plus de tableaux que Picasso. 8. Dans notre famille, ma tante avait le plus d'enfants. 9. Mémé ne raconte plus de blagues. 10. Ce n'étaient plus des blagues, c'étaient des petites histoires.

**Übung 97**
2. Michelle est la plus belle fille du monde. 3. Nous connaissons plus de gens sympathiques que vous. 4. Elle n'achète plus de lait au supermarché. 5. Pépé lisait plus de journaux au travail que ses autres collègues. 6. Pierre a bu le plus de bière. 7. La vie de Finver sera plus agréable dès maintenant. 8. Plus il travaillait à la maison, plus il faisait des bêtises. 9. Mémé gagne plus que Pépé. 10. Ce ne sont plus des exercices intéressants.

***Exercice du chef*, Seite 152**
1. Vous gagnerez plus que vos parents. Et toi, tu gagneras/auras le plus. 2. Vous êtes les **meilleurs** élèves que je **connaisse**. 3. Personne n'est plus patient que vous. De plus, vous écoutez François plus patiemment que sa mère. 4. Plus vous êtes vifs, plus facile est le travail. 5. Vous n'êtes plus des enfants. Vous devez plus souvent prendre des responsabilités vous-mêmes. 6. Vous avez déjà fait plus d'expériences que vos parents à votre âge. 7. Profitez plus de votre vie. Ou bien voulez-vous avoir plus de rides que vos grand-mères toutes réunies? 8. Parfois, vous pourriez être un peu plus fous et oser plus. 9. Plus vous êtes ouverts et sincères, mieux vous vous sentirez. 10. Maintenant je vais finir le livre parce que je ne veux plus travailler. Vous non plus?


2. Auflage (2000)
ISBN 3-7058-5148-9

| ***venir***<br>*(ils vienn.ent)* | | |
|---|---|---|
| *que je vienn.**e***<br>*que tu vienn.**es***<br>*qu'il vienn.**e*** | ***que nous ven.ions***<br>***que vous ven.iez***<br>*qu'ils vienn.**ent*** | (Es ändert sich zwar der Stamm, die Bildung ist trotzdem „regelmäßig"!) |

Kommen dir die Formen bzw. Endungen des *subjonctif* bekannt vor?

***-e, -es, -e*** gibt es auch im *présent* bei den Verben auf *-er*: Daher sind bei den Verben auf *-er* die Singularformen des *subjonctif* und des *présent* dieselben!

Die Endung ***-ent*** kommt ebenfalls im *présent* vor.
Und da der *subjonctif* mit dem Stamm der 3. Person Plural des *présent* gebildet wird, unterscheiden sich (bei Verben, die den *subjonctif* regelmäßig bilden) die Formen der 3. Person Plural nicht!

*ils parlent*
*ils finissent*
*ils connaissent*
*ils viennent*
} 3. Person Plural *présent* oder *subjonctif*!

Die Endungen der 1. und 2. Person Plural bzw. die jeweilige Verbform überhaupt kennst du vom *imparfait*: ***-ions, -iez***

*nous parlions*
*nous finissions*
*nous connaissions*
*nous venions*
} 1. Person Plural *imparfait* oder *subjonctif*

**K**

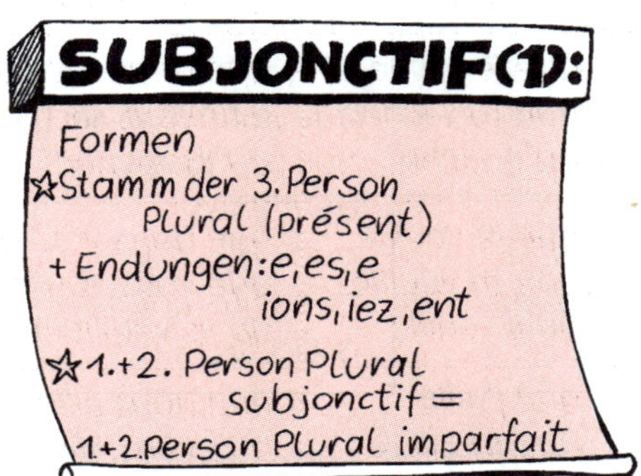

41

à toi

Finde die Formen des *subjonctif*!

1. je prends: que je prenne

2. nous allons
3. vous partez
4. ils répondent
5. j'apprends
6. il dort
7. elle boit
8. tu viens
9. il court
10. nous regrettons
11. je me tais
12. nous mentons
13. il tient
14. vous recevez
15. je sors

Einige wenige Verben haben in allen Personen einen speziellen Stamm: Schreib sie gleich in deine Kartei!

K

| ***SUBJONCTIF* (2) Formen – unregelmäßig** | | |
|---|---|---|
| ***avoir*** | *que j'aie*<br>*que tu aies*<br>*qu'il ait* | *que nous ayons*<br>*que vous ayez*<br>*qu'ils aient* |
| ***être*** | *que je sois*<br>*que tu sois*<br>*qu'il soit* | *que nous soyons*<br>*que vous soyez*<br>*qu'ils soient* |
| ***faire*** | *que je fasse*<br>*que tu fasses*<br>*qu'il fasse* | *que nous fassions*<br>*que vous fassiez*<br>*qu'ils fassent* |
| ***pouvoir*** | *que je puisse*<br>*que tu puisses*<br>*qu'il puisse* | *que nous puissions*<br>*que vous puissiez*<br>*qu'ils puissent* |
| ***savoir*** | *que je sache*<br>*que tu saches*<br>*qu'il sache* | *que nous sachions*<br>*que vous sachiez*<br>*qu'ils sachent* |
| ***vouloir*** | *que je veuille*<br>*que tu veuilles*<br>*qu'il veuille* | *que nous voulions*<br>*que vous vouliez*<br>*qu'ils veuillent* |
| ***aller*** | *que j'aille*<br>*que tu ailles*<br>*qu'il aille* | *que nous allions*<br>*que vous alliez*<br>*qu'ils aillent* |

**TIPP** Schreibe zu allen Verben in deiner Kartei die jeweiligen Formen des *subjonctif*! (Sonderformen kannst du jeder Verbtabelle entnehmen!)

**42** Unterstreiche die Formen, die im *subjonctif* stehen. (Formen, die *subjonctif* und eine andere Zeitform sein können, auch unterstreichen.)

| | | | |
|---|---|---|---|
| 1. je dise | vous dites | tu prends | j'aie |
| 2. nous soyons | ils mettent | tu connais | il court |
| 3. je meure | vous dormez | tu couvres | il choisisse |
| 4. nous allions | il tienne | nous nettoyions | j'aille |
| 5. tu espères | nous parlons | il jette | ils mènent |
| 6. nous ayons | il soit | il dort | je bats |
| 7. nous battions | j'écris | nous écrivions | il plaisait |

**43** **à toi** Finde die jeweils verlangten *subjonctif*-Formen:

1. je sais – que je sache
2. tu as
3. il est
4. nous allons
5. vous partez
6. ils répondent
7. j'apprends
8. tu veux
9. elle boit
10. nous venons
11. nous voyons
12. ils courent
13. vous connaissez
14. il doit
15. tu mets
16. nous savons
17. ils font
18. elle peut
19. nous réagissons
20. ils prennent
21. je parle
22. nous écrivons
23. tu lis
24. vous offrez
25. je descends
26. nous mangeons
27. ils cherchent
28. ils veulent
29. tu rends

## DER *SUBJONCTIF PASSE*

## SUBJONCTIF(3):

M. Ver: Wie bildet man den *subjonctif passé*? Finvers Bild sagt es dir!

K

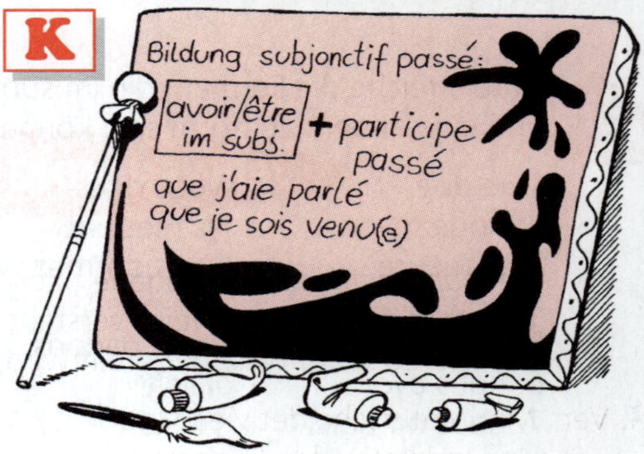


*Rappel:*

☆ Verben, die mit *être* abgewandelt werden: siehe „Durchstarten für das 1. Lernjahr" ab Seite 38.

☆ *Accord du p.p.* bei den Verben mit être:
*. . . qu'elle soit venue; . . . qu'elle se soit levée*

☆ *Accord*, wenn das *objet direct* vor dem *participe* steht:
*. . . que je les aie vu(e)s*

**44** Finde die richtige Form des *subjonctif passé* und achte auf den *accord*!

1. Je suis heureux que ma mère ____________________ (arriver) à l'heure.
2. Il ne croit pas que nous ________________________ (le comprendre).
3. La maison? Elle est contente que vous ________________________ (l'acheter).
4. Les parents regrettent que nous ________________________ (ne pas les accompagner).
5. Je suis surpris qu'elles ____________________________ (descendre).
6. Nous sommes soulagés qu'Eve ________________________ (réussir) son examen.
7. Je doute qu'elles ________________________ (avoir) une bonne note.
8. Je ne crois pas qu'ils ____________________________ (aller) à la fête.
9. Je suis content que Finver ____________________________ (ne pas déranger) mes élèves.
10. Elle est arrivée à l'heure bien qu'elle ________________________ (se lever) trop tard.

Toi: Okay. Die Formen kann ich jetzt (oder bald). Aber wann verwendet man denn nun diesen *subjonctif*?

## VERWENDUNG DES *SUBJONCTIF*

Der *subjonctif* ist keine eigene „Zeit", sondern ein **„Modus"**, wobei man darunter die Art und Weise versteht, in der der Sprechende oder das Subjekt zu dem, was mitgeteilt wird, Stellung nimmt.

M. Ver: Man unterscheidet vier Modi: den Indikativ, den Imperativ, den Konjunktiv und den *subjonctif*. Den **Indikativ** verwendet man, um eine Mitteilung von dem zu machen, was für den Sprecher eine Tatsache ist (oder zu sein scheint!). Der **Imperativ** drückt eine mehr oder minder starke Aufforderung oder Bitte aus. Der **Konjunktiv** ist eine „Möglichkeitsform", er wird im Französischen aber auch als reine Zeitform . . .

Finver: Hilfe! Er grammatikalitheoretisiert schon wieder! Ich mach weiter, ich bin schülernäher!

Zum Thema ***subjonctif*** merk dir kurz nur folgendes:

Der *subjonctif* steht hauptsächlich in Gliedsätzen mit dem Einleitewort ***que*** . . .

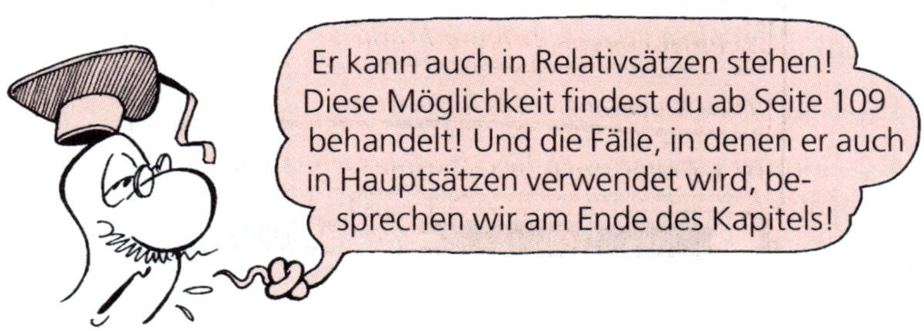


. . . und er ist eine Möglichkeit zu zeigen, dass der, der etwas sagt (oder das Subjekt des Satzes ist) eine wünschenswerte, unsichere, auf alle Fälle persönlich gefärbte Aussage tut. Eine Aussage also, die **subjektiv** ist! Und deshalb **muss** der *subjonctif* nach bestimmten Ausdrücken bzw. Einleiteverben stehen, nach anderen hingegen **kann** er stehen, je nachdem, was man mit dem Satz sagen will.

***Dites*** *à M.Ver* ***que je sors*** *ce soir:*
Sagt M.Ver, dass ich heute ausgehe.

Bei dem Satz handelt es sich ganz einfach um eine Mitteilung, ich verwende daher den Indikativ Präsens.

***Dites*** *à M.Ver* ***qu'il sorte*** *ce soir:*
Sagt M.Ver, dass er heute **ausgehen soll**.

Ich verwende den *subjonctif*, weil der Satz eine Aufforderung enthält, weil ich **will**, dass er heute ausgeht. Klar?

Aber jetzt wollen wir das Ganze einmal in ein paar Schubladen ordnen, damit es für dich leichter zu lernen und zu verstehen ist!

Meine Art der „Schubladisierung" der *subjonctif*-Verwendung ist eine von vielen und erhebt keinen Anspruch auf Einzigundalleinrichtigkeit! Außerdem gehen wir nicht auf irgendwelche Feinheiten der Verwendung ein. Die Schnörksel und Verzierungen, die es an den Schubladen geben kann, sind für dich im Moment uninteressant.

Den *subjonctif* findest du

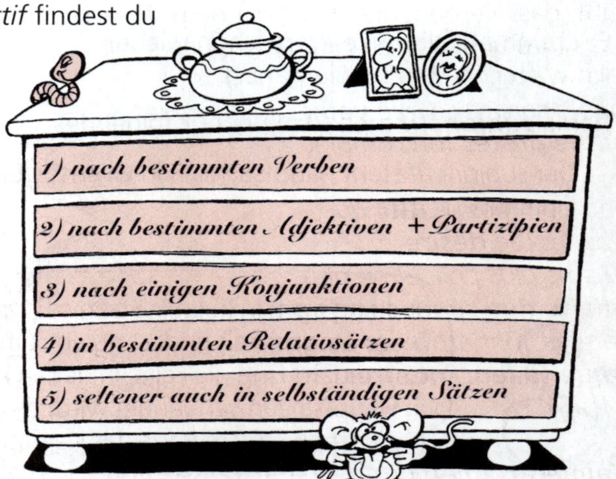


In den folgenden Tabellen nenne ich dir natürlich nicht alle möglichen Wörter, die einen *subjonctif* auslösen. Du musst sie auch nicht auswendig lernen. Du sollst nur das Prinzip erkennen und bei der Verwendung eines Wortes wissen, ob es in die jeweilige Kategorie fällt!
(Es kommen daher auch in den Übungen manchmal Wörter vor, die nicht in den Tabellen stehen!)

**!** Der Karteikartenvorschlag kommt erst am Ende einer Schublade!

## DER *SUBJONCTIF* STEHT

| **1. nach Verben, die einen Wunsch, einen Befehl, ein Verbot, eine Erlaubnis oder eine Empfehlung ausdrücken:** | |
|---|---|
| ***accepter que*** | ***approuver que*** (schätzen) |
| ***aimer que*** | ***aimer mieux que*** (lieber wollen) |
| ***attendre que*** (erwarten) | ***avoir envie que*** (Lust haben) |
| ***demander que*** (verlangen) | ***désirer que*** (wünschen) |
| ***empêcher que*** (verhindern) | ***éviter que*** (verhindern) |
| ***exiger que*** (fordern) | ***interdire que*** (verbieten) |
| ***ordonner que*** (befehlen) | ***permettre que*** (erlauben) |
| ***préférer que*** (vorziehen) | ***proposer que*** (vorschlagen) |
| ***recommander que*** (empfehlen) | ***refuser que*** (ablehnen) |
| ***souhaiter que*** (wünschen) | ***souffrir que*** (gestatten) |
| ***supporter que*** (ertragen) | ***tolérer que*** (tolerieren) |
| ***vouloir que*** (wollen) etc. | |

Das heißt, dass Verben, die etwas mit dem Willen bzw. der Meinung des Sprechers (des Subjekts) zu tun haben, den *subjonctif* auslösen!

Finver: *François, je sors ce soir. Je* ***veux que tu me prêtes*** *ton complet.*

M. Ver: *Dis donc, comment est-ce que tu me parles? Je* ***désire que tu sois*** *plus poli. Et en plus,* ***je souhaite que tu ne sortes pas****. Mes parents vont arriver et* ***ils ont envie que tu leur montres*** *tes tableaux.*

Finver: *Mais* ***j'aimerais mieux que tu leur fasses voir*** *toi-même mes tableaux. Moi, j'ai envie de sortir.*

M. Ver: *Tu es vraiment désagréable. Va-t-en. Mais* ***j'exige que tu sois*** *à la maison avant minuit.*

Dieser Finver. Nichts kann man von ihm haben. Da kann man möchten und verbieten, soviel man will!

In unserem kleinen Streitgespräch befanden sich zahlreiche *subjonctif*-Formen, wobei bei einigen, nämlich bei den Verben auf *-er*, formal nicht zu unterscheiden war, ob es sich um den *subjonctif* oder das *présent* handelt. Aber das ist dir sicher aufgefallen!

**45** Finde die richtige Verbform!

1. J'aimerais mieux que vous ________________ (rester) chez moi.
2. Ses parents ne permettent pas qu'elle ________________ (sortir) seule.
3. Henri préfère que Séverine ________________ (venir) à Paris.
4. Nous voulons que vous nous ________________ (dire) la vérité.
5. Elle ne veut pas que son ami ________________ (aller) à l'étranger.
6. Je souhaite qu'ils ________________ (pouvoir) me rendre visite.
7. Mimi voulait que nous ________________ (rester) à Cannes.

**46** Ändere die Sätze nach folgendem Muster:

1. Je prends un steak / tu veux
   Tu veux que je prenne un steak.

**à toi**

2. Séverine ne range pas sa chambre / Mais Kathi exige . . .
3. Elle vit à l'étranger / Ses parents ne veulent pas . . .
4. Il revient tout de suite / Tu préfères . . .
5. Vous allez au cinéma / Votre mère permet . . .
6. Henri reçoit la lettre demain / Séverine veut . . .
7. Chantal et Claudine savent tout / Le prof demande . . .
8. Nora finit ses études en janvier / Bruno désire . . .
9. Nous rentrons après minuit / Notre père interdit . . .
10. Trixie dort jusqu'à midi / Bernadette regrette . . .

PAUSE

Finver: *François, **je n'accepte pas que tes parents viennent** nous voir chaque week-end.*

M. Ver: *Je sais, Finver, mais tu sais qu'ils sont déjà vieux. Alors, **je tolère qu'ils veuillent** passer leurs week-ends avec moi.*

Finver: *Mais **je refuse qu'ils aillent** toujours dans les restaurants les plus chers de Paris avec nous. Je refuse de dépenser tout mon argent pour eux!*

M. Ver: *Pour ça, tu as raison. **Je ne vais plus supporter qu'ils se fassent inviter**. Ils payeront pour nous la prochaine fois.*

Ist dir aufgefallen, dass es hier einen Satz gab, in dem eine Infinitivkonstruktion verwendet wurde?

| | |
|---|---|
| ***Je*** *refuse qu'* ***ils*** *aillent . . .* verschiedene Subjekte | ***Je*** *refuse de dépenser . . .* Ein Subjekt |

Haben Haupt- und Gliedsatz dasselbe Subjekt, verwendet man nicht *que + subjonctif*, sondern eine Infinitivkonstruktion!

**!** Übrigens wird bei einigen dieser Verben auch dann der Infinitiv verwendet, wenn das Subjekt des Gliedsatzes als *objet* im Hauptsatz schon vorkommt!

*Je* ***te*** *recommande d'apprendre plus.*
Ich empfehle dir, mehr zu lernen.

*Je* ***leur*** *propose de venir à l'heure.*
Ich schlage ihnen vor, pünktlich zu kommen.

Aber:

***Je propose que vous veniez** à l'heure.*
Ich schlage vor, dass ihr pünktlich kommt.

Hier wurde das Subjekt des Gliedsatzes („ihr") nicht als *objet* vorweggenommen!

**47** Bilde Sätze nach folgendem Muster. (Im Lösungssatz statt der unterstrichenen Objekte Objektvertreter verwenden!)
(Das *le* = *es* des 2. Satzes verschwindet beim Satzgefüge!)

1. Paul obtient cet emploi. (Nous le proposons.)
   Nous proposons que Paul obtienne cet emploi.

**à toi**

2. Nous prenons le petit déjeuner chez Marie. (Marie le refuse.)
3. Vous tutoyez votre prof. (Il l'accepte.)
4. Vous rentrez après minuit. (Je ne le tolère pas.)
5. Nous sommes toujours ensemble. (Mes parents l'empêchent.)
6. Sylvie se sent découragée. (Son prof de maths ne le veut pas.)
7. Paul sort avec sa petite amie. (Ses parents ne l'approuvent pas.)
8. Tu fais la cuisine pour moi. (Ma mère le recommande.)

| **2. *Subjonctif* nach Verben, die ein Gefühl ausdrücken (Bewunderung, Liebe, Hass, Furcht, Erstaunen, Freude, Bedauern etc.)** | |
|---|---|
| ***admirer que*** (bewundern)<br>***apprécier que*** (schätzen)<br>***avoir peur que*** (Angst haben)<br>***détester que*** (verabscheuen)<br>***douter que*** (zweifeln)<br>***s'étonner que*** (sich wundern)<br>***s'inquiéter que*** (sich Sorgen machen)<br>***se réjouir que*** (sich freuen) | ***adorer que*** (bewundern, lieben)<br>***avoir honte que*** (sich schämen)<br>***craindre que*** (fürchten)<br>***redouter que*** (bezweifeln)<br>***regretter que*** (bedauern) |

**espérer que** (hoffen) + Indikativ!
*Elle espère qu'il viendra.*

M. Ver: *Finver! As-tu acheté le parfum pour ma mère?*
*Elle* ***adore qu'on lui fasse*** *des cadeaux et elle y est habituée.*

Finver: *Non, je ne l'ai pas acheté. Je* ***doute que ta mère soit habituée*** *aux cadeaux. Ton père est un vrai avare. Et* ***j'ai peur qu'elle puisse croire*** *que c'est normal de recevoir des cadeaux quand elle vient nous voir.*

M. Ver: *Toi, tu es aussi un grigou* (= Knauser). ***J'ai*** *vraiment* ***honte que tu sois*** *si avare. En plus ce n'est pas toi qui gagnes notre argent.*

Finver: *Je comprends, je comprends.* ***Tu t'inquiètes que je n'aie pas*** *de travail. Mais je vais chercher un job, et j'aurai mon argent à moi.*

M. Ver: ***Je doutes que tu trouves*** *un bon job. Peut-être comme accompagnateur! Ha, ha!*

Es tut mir leid, dass wir immer streiten. Im Moment bedauere ich, dass er mit mir in Paris ist. ***Je regrette qu'il soit*** *à Paris avec moi.*

Übrigens gibt es auch bei diesen Verben die Möglichkeit einer **Infinitivkonstruktion**, nämlich wieder dann, wenn die Subjekte des Haupt- und Gliedsatzes identisch sind!

| | | | |
|---|---|---|---|
| ***Je*** | *regrette que* | ***tu*** | *ne puisses pas m'aider.* |
| **Ich** | bedauere, dass | **du** | mir nicht helfen kannst. |
| Subjekt | | Subjekt | |

| | | | |
|---|---|---|---|
| ***Je*** | *regrette* ***de ne pas pouvoir t'aider****.* | | |
| (Ich bedauere, dir nicht helfen zu können.) | | | |
| **Ich** | bedauere, dass | **ich** | dir nicht helfen kann. |
| | Subjekt | | |

**!** Die Verwendung des *subjonctif* betreffend, lässt sich zusammenfassend bisher also sagen, dass der ***subjonctif*** **nach einer Reihe von Verben** zu finden ist, die alle über die **persönliche Ansicht oder das Gefühl des Sprechers** (**bzw. des Subjekts** des Hauptsatzes) Auskunft geben: wollen, befehlen, wünschen, bedauern, sich freuen, schätzen, ablehnen etc.

Finver: Weißt du eigentlich, dass jeder Mensch seine ganz persönliche Ansicht hat, dass er seinen Standpunkt mit niemandem teilen kann? Und so betrachtet hat jeder auch immer Recht, von seinem Standpunkt aus. Wenn du also mit jemandem streitest, habt ihr beide Recht. Denk daran, wenn du eine Meinungsverschiedenheit hast!

M. Ver: Vor allem ich soll wahrscheinlich immer daran denken, oder?

Toi: Zum Glück habe ich im Moment niemanden zum Streiten. Ich habe dafür jetzt ein anderes Problem.

**Wann verwendet man den *subjonctif passé*?**
Immer, wenn etwas vorzeitig zum Hauptsatz ist?

M. Ver: Richtig. Meine Eltern lernten zwar auch noch genau die Verwendung des *subjonctif imparfait* und *plus-que-parfait*, aber für dich hat das keine Bedeutung. Du merkst dir folgendes:

!

**Wenn das Verb im Hauptsatz im *présent*, in einer Zeit der Vergangenheit *(impf., p. c.)*, im *futur* oder im *présent du conditionnel* steht und das Geschehen des Gliedsatzes vor dem des Hauptsatzes abgelaufen ist, verwendet man den *subjonctif passé*.**

*Je regrette* **que Marianne soit partie** *si tôt hier.*
Ich bedauere, dass M. gestern so bald abgereist ist.

*Je regrettais* **que Marianne soit partie** *si tôt.*
Ich bedauerte, dass M. so bald abgereist war.

Du siehst, es gibt keine Art von „Zeitenfolge" mehr wie zum Beispiel bei den *Si*-Sätzen oder in der indirekten Rede, wenn das Einleiteverb in einer Zeit der Vergangenheit steht.

TIPP Übungen, bei denen zu überlegen ist, ob es sich um eine indirekte Rede, eine Konstruktion mit *subjonctif* oder gar einen *Si*-Satz handelt, findest du in diesem Buch ab Seite 88.

48 Finde die richtigen Formen: (Auch *subjonctif passé* ist möglich!)

1. Je me réjouis que Mehdi et Isabelle (venir me voir) hier.
   Je me réjouis que Mehdi et Isabelle soient venus me voir hier.

à toi

2. Nous avons peur qu'il (ne pas savoir) qui nous sommes.
3. Mon père regrette encore que ma soeur (ne pas devenir) boulangère mais actrice.
4. Maman s'étonne qu'ils (ne pas appeler) juste après leur arrivée.
5. Paul s'inquiète que son amie (partir) si loin.
6. J'adore que Géraldine (tenir) tête à son mari.
7. Séverine craint que Henri ne (arriver) en retard à la réunion.
8. Nora s'étonne que nous (se marier) sans prévenir nos parents.
9. Elle doute que Stéphane (être) amoureux d'elle.
10. Finver déteste qu'il (faire) souvent du vent à Paris.

**49** Gestern belauschte ich folgendes Gespräch zweier Studentinnen. Füge die richtigen Formen ein (nicht nur *subjonctif*!):

1. – Dis, Manon, tu t'(entendre) bien avec tes parents? Ou est-ce que tu (regretter) qu'ils te (acheter) un appartement juste à côté de chez eux? Tu (ne pas avoir) peur qu'ils (se mêler) trop de tes affaires? t'entends
2. – Bah, je (ne pas savoir). D'abord, je (devoir) avouer que je (se réjouir) qu'ils (m'offrir) cet appartement comme cadeau pour le bac.
3. De plus, je (s'entendre) bien avec mes parents mais je (craindre) seulement que mon petit ami (ne pas plaire) à maman. Mes parents (ne jamais être, p.c.) tolérants.
4. Ils (ne pas encore le connaître), ils (le voir) seulement une fois. Ils (refuser, impf.) toujours que je (sortir) avec quelqu'un d'original.
5. Stéphane (être) étudiant aux Beaux Arts et il est un peu bohème. Lui, il (préférer) que mes parents (ne pas le rencontrer).
6. Moi, je (vouloir) qu'il (rester) comme il (être). Je l'aime comme ça. Toutefois, je (désirer) que mes parents (apprendre) à l'accepter.
7. Je (avoir) tellement peur qu'ils le (rejeter) et qu'ils (essayer) de l'empêcher de me voir.
8. – Manon, je te (comprendre) bien. Et je (croire) que tu (avoir) raison. Je doute aussi que tes parents (être) tolérants.
9. Tes amies et moi, nous (craindre) que ce ne (être) une erreur d'accepter cet appartement. Je (avoir) peur que tu (ne pas pouvoir) vivre en paix avec ton ami.
10. Mais de toute façon je (propose) que tu le leur (présenter) et que vous en (parler) tous ensemble.
11. – J'aimerais que tu (avoir) raison. Mais je (devoir) vraiment avouer que je (avoir) peur.
12. – Courage, Manon. Ils (finir, futur) par l'accepter.
13. – Bon, j'espère qu'ils me (comprendre).

# ZAUBERPUNKT

**Du fühlst dich nicht wohl?**
**Es stresst dich, lernen zu müssen?**
**Du hast Heißhunger auf Süßes?**

Die Energie deines Körpers ist zu niedrig. Da hilft dir der Zauberpunkt:
Du legst zwei Finger der linken Hand auf die Innenseite des rechten Handgelenks. Diesen Punkt massierst du 2-mal täglich 4 bis 12 Minuten und immer dann, wenn es dir nicht gut geht. Du wirst merken, wie das funktioniert. Wenn du an dieser Stelle die Energie aktivierst, verzichtet dein Körper auch freiwillig auf Süßigkeiten. Süßigkeiten sind Energiefresser!

**Dauer der Übung: 4 bis 12 Minuten**

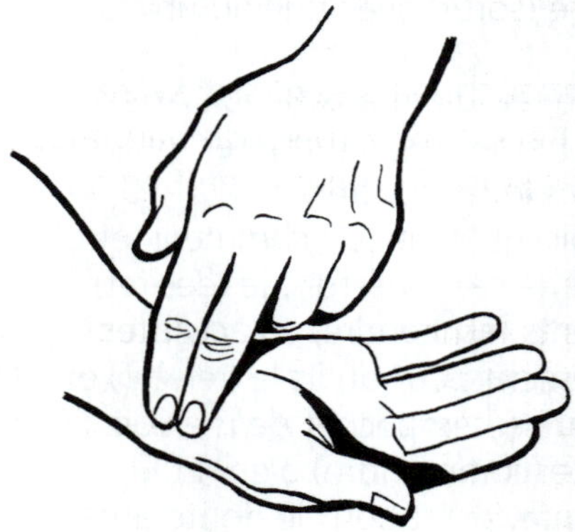

## 3. *Subjonctif* nach einigen unpersönlichen Verben

Finver: *Dis, François, quand vas-tu m'acheter un appartement? **Il faut que je sois** absolument en paix quand je travaille, quand je fais mes tablaux. **Il serait** vraiment **temps que vous acceptiez** ça.*

M. Ver: *Je sais que je ne dois pas te critiquer, Finver, mais **il vaut mieux que nous attendions** encore un peu pour un deuxième appartement.*

***Il se peut que** dans quelques semaines **tu n'aies plus besoin** d'un endroit pour "tes oeuvres d'art". **Il est déjà arrivé** plusieurs fois **que tu te sois passionné** énormément pour je ne sais plus quoi, mais après quelques semaines, ton intérêt s'était complètement envolé.*

Finver: *Je suis déçu. Tu ne m'apprécies pas. Si tu continues comme ça **il faudra que je te quitte** parce que tu ne m'encourages plus.*

M. Ver: Ich glaube langsam auch, dass es besser wäre, wenn wir uns trennten. Du störst mich schon bei meiner Arbeit. Ich hab tatsächlich vergessen, die Liste von möglichen Ausdrücken an den Beginn des Kapitels zu stellen. Hier ist sie:

| | |
|---|---|
| ***il arrive que*** (es kommt vor)<br>***il faut que*** (es ist nötig)<br>***peu importe que*** (es ist unwichtig)<br>***il se peut que*** (es kann sein)<br>***il vaut mieux que*** (es ist besser) | ***il est temps que*** (es ist Zeit)<br>***il importe que*** (es ist wichtig)<br>***il suffit que*** (es genügt) |

**!** Selbstverständlich verlangen auch die sehr geläufigen Formen wie *il faudrait que, il serait temps que* etc. den *subjonctif*!

**!** Auch nach einigen dieser Verben verwendet man wiederum gerne Infinitivkonstruktionen, wenn das Subjekt als *objet* im Hauptsatz steht oder wenn es sich aus dem Textzusammenhang erschließen lässt!

***Il me faut dire** la vérité.*
***Il m'arrive de** rentrer trop tard.*
***Il lui suffit d'**apprendre l'essentiel.*

Beim folgenden Beispiel weiß man ebenfalls sofort, wer hier etwas tun soll, weshalb auch eine Infinitivkonstruktion verwendet wird:

*"François, nous faisons une partie de boules?"*

*"Non, il vaut mieux commencer à travailler."*

**50** Forme die Sätze nach folgendem Muster um:

1. Tu dois vendre tes tableaux. (il faut)
   Il faut que tu vendes tes tableaux.

**à toi**

2. Maman ne connaît pas la vérité. (il se peut)
3. Paul apprend juste l'essentiel. (il ne suffit pas)
4. Il commence à pleuvoir. Nous rentrons. (il vaut mieux)
5. Yvonne doit apprendre sa leçon. (il faut)
6. Tu prends conscience de la situation. (Véro, il est temps)
7. Il fait attention à ne pas dépasser la limite de vitesse. (il importe)
8. Vous agissez d'une manière bizarre. (peu importe)

**51** Setze die Verben, die in Klammer stehen, in ihre richtige Form:

1. Sylvie et Patrice, il faut que vous m'(aider). Je (craindre) que Papa ne (être) fâché si on (ne pas encore préparer) le repas. Et il ne tolère pas que vous (regarder) la télé au lieu de m'aider.
2. Jacques n'aime pas que ses parents (être) toujours chez lui. Pour lui, il suffit qu'ils (venir) le voir le week-end. Mais ses parents (vouloir) le rencontrer chaque jour.
3. Je n'accepte pas que vous (sortir) sans me donner une raison valable et je refuse que vous (boire) autant. J'ai peur que vous (avoir) un jour un accident de voiture. Il faut que vous (comprendre) cela.
4. Madame Lamar est très tolérante. Elle accepte que sa fille (avoir) un petit ami. Mais elle espère que sa fille et son ami (utiliser) des préservatifs. Il faut qu'on (se protéger) du Sida.
5. Madame, nous (craindre) que nous (ne pas avoir) votre taille. Mais il se peut que vous (trouver) votre taille dans un de nos autres magasins.

52 Verwende die richtige Form des *subjonctif* (*présent* oder *passé*).

1. Voilà Finver. Il a l'air content. Il se peut qu'il ____________________ (vendre) un de ses tableaux.
2. Nous craignons que le prof ____________________ (ne pas encore corriger) nos travaux.
3. Ce soir, Finver a invité un tas d'amis. Je m'étonne qu'ils ____________________ (ne pas faire) plus de bruit!
4. Je n'aime pas ces boums. J'ai toujours peur qu'ils ____________________ (boire) trop.
5. Dimanche, Max s'est marié. Je m'étonne qu'il ____________________ (trouver) une femme.
6. Henri, tu ne sors pas ce soir. Je n'apprecie pas que tu ________________ (rentrer) toujours à 5 heures du matin.
7. Peu importe que tu ____________________ (avoir) déjà 29 ans, Henri. Comme tu habites encore à la maison, il faut que tu ________________ (faire) ce que je te dis.

| **4. *Subjonctif* nach der Konstruktion „*cela (ça)* + Verb":** | |
|---|---|
| ***cela m'amuse que***<br>***cela m'inquiète que***<br>***cela m'étonne que*** | ***cela me dérange que*** (es stört mich)<br>***cela me déplaît que*** (es missfällt mir)<br>***cela me surprend que*** (es überrascht mich) |

M. Ver: Da Finver und ich immer streiten, habe ich beschlossen, dich an unseren Gesprächen nicht mehr teilnehmen zu lassen. Ich habe daher . . .

Finver: *Arrête.* ***Cela me déplaît que tu leur dises*** *qu'on ne s'entend pas bien! C'est pas vrai!*

M. Ver: *Mais si, c'est vrai.* ***Ça m'étonne que tu puisses croire*** *que ce n'est pas vrai. On se dispute tout le temps!*

Finver: *Même si c'est vrai,* ***ça me dérange que tu en parles****. Il ne faut pas que tu le cries sur les toits!* *

(*dass du es an die große Glocke hängst)

M. Ver: Es tut mir leid. Vergiss Finver und schreib den ersten Teil einer Karteikarte!

K

| *SUBJONCTIF* (4) Verwendung nach bestimmten Verben |
|---|
| Er steht |
| ☆ nach Verben, die eine Willensäußerung ausdrücken (Wunsch, Befehl, Verbot, Erlaubnis, Ablehnung etc.): *aimer que, désirer que, interdire que, tolérer que* etc. |
| ☆ nach Verben, die ein Gefühl ausdrücken (Angst, Bewunderung, Freude etc): *craindre que, admirer que, se réjouir que* etc. |
| ☆ nach einigen unpersönlichen Verben: *il faut que, il suffit que, il est temps que* etc. |
| ☆ nach der Konstruktion „*cela* + Verb + *que*": *cela m'amuse que, cela m'étonne que, cela me surprend que* etc. |
| ! Haben der Haupt- und der Gliedsatz dasselbe Subjekt, verwendet man meist Infinitivkonstruktionen! |

**TIPP** Der folgende Übungsblock beginnt mit dem Finden-Müssen der richtigen *subjonctif*-Formen. Anschließend gibt es ein paar Sätze zum Übersetzen, dann einige Übungen für Fortgeschrittene und Fortschreitende. In ihnen wirst du nämlich nicht nur dein neu erworbenes ***subjonctif*- Wissen** anwenden, sondern auch in deinem Gedächtnis nach der **Zeitenfolge in der indirekten Rede** und bei den ***Si*-Sätzen** kramen müssen!

**TIPP** Alles über die indirekte Rede findest du in „Durchstarten für das 2. Lernjahr", Teil B ab Seite 136 und über die *Si*-Sätze ebendort ab Seite 49.

**53** Setze die Infinitive in die richtige Form. (Nicht immer *subjonctif*!)

1. Papa, il faut que tu nous (donner) plus d'argent de poche. Nous craignons que les autres (pouvoir) se moquer de nous quand ils voient que nous (ne pas avoir) autant d'argent qu'eux.
2. Cela me surprend que vous (dire) ça parce que vous en (recevoir) assez. Mais il se peut que vous (ne pas réfléchir) quand vous (acheter) quelque chose. Car je regrette que vous (dépenser) une si grande somme pour des cigarettes. J'espère que vous (comprendre) mon point de vue.
3. Papa, nous ne voulons pas que tu nous (dire) ce que nous (devoir) faire avec notre argent. Le père de Christine permet qu'elle (faire) ce qu'elle (vouloir) avec son argent.
4. Je n'aime pas que vous me (comparer) aux autres pères. J'attends que vous (respecter) tout ce que je (penser).

5. Maman, je ne veux plus vivre à la maison. J'ai déjà 17 ans et il est temps que j' (apprendre) à vivre seule. Je souhaite que Papa et toi, vous me (comprendre) et que vous (être) d'accord. Vous allez permettre que je (vivre) seule?
6. Colette, je propose que nous (attendre) le retour de Papa. Je ne peux rien décider sans lui. Mais il préférera sûrement que nous (remettre) la discussion à plus tard.
7. Mais je ne veux pas qu'on (remettre) la discussion. J'ai envie d'en parler maintenant parce que je (trouver) déjà une chambre. Il faut que je (dire) au propriétaire si je la (prendre).
8. Alors, si c'est comme ça, je (dire) non. Je ne tolère pas que tu (vivre) seule dans une chambre. Je sais que notre maison (être) assez grande pour toute la famille. C'est clair?

54

Übersetze:

1. Willst du, dass wir die Aufgabe gemeinsam machen?
2. Ich bedauere, dass ihr nicht gestern gekommen seid. *(venir)*
3. Meine Mutter fürchtet immer, dass ich ihr nicht die Wahrheit sage.
4. Seine Mutter erlaubt nicht, dass er alles erfährt. *(apprendre)*
5. Wir müssen aus dieser Geschichte die Konsequenzen ziehen. *(tirer les conséquences de)*
6. Seine Mutter erträgt nicht, dass er geheiratet hat. *(se marier)*
7. Wir freuen uns, dass du den Preis erhalten hast.
8. Ich bezweifle, dass er uns antworten will.
9. Wir vermuten, dass er nicht die Autobahn genommen hat.
10. Finver hat Angst, dass seine Bilder nicht viel wert sind. *(valoir grand-chose)*
11. Finver? Es kann sein, dass er krank gewesen ist.
12. Es kommt vor, dass Finver am Abend nicht heimkommt.
13. Es ist besser, dass ich nicht weiß, wo er seine Nächte verbringt.
14. Es missfällt mir, dass er in schlechter Gesellschaft ist.
15. Es überrascht mich, dass ihm der Bois de Boulogne so gut gefällt.
16. Ich fürchte, dass wir Probleme bekommen (haben).
17. Finver zieht es vor, dass wir ihn nichts fragen
18. Meine Eltern machen sich Sorgen *(s'inquiéter)*, dass Finver noch keine Arbeit gefunden hat.
19. Sie wollen nicht, dass er von meinem Geld lebt.

*Rappel:*

Ich hoffe, du hattest keine Probleme mit Verbformen! Weißt du z. B. noch, welche Verben mit *être* abgewandelt werden? Oder wusstest du kurz nicht, ob es tatsächlich im Satz 6 *se soit marié* heißen muss? Oder fiel dir gar das Partizip *reçu* im Satz 7 nicht ein?

**TIPP** Sei ehrlich zu dir! Und nimm dir immer wieder Zeit, Mängel zu beseitigen!

55

Setze die richtigen Verbformen ein. (Auch indirekte Reden und *Si*-Sätze)

1. Hier, j'ai demandé à mes élèves s'ils (vouloir) faire une excursion pour visiter la Géode. Ils (me répondre) qu'ils (être) d'accord.
2. Je leur ai expliqué que La Géode (être) une sphère composée de 6433 triangles d'acier. J'ai ajouté que la salle que la Géode (abriter), (être) équipée d'un écran géant de 1000 $m^2$.
3. Je leur ai dit que cela (m'amuser) que les spectateurs (être) projetés à l'intérieur du film.
4. Jean a dit: "Monsieur, nous aimerions que les filles de votre deuxième cours (venir) avec nous. Elles sont très gentilles et nous espérons qu'on (passer) une journée agréable ensemble."
5. Moi, je savais que les filles (être) contentes parce qu'elles (s'entendre) bien avec les garçons.
6. J'ai dit de leur (demander) s'ils (en avoir envie.) Et j'ai dit: "Si vous voulez que les filles nous (accompagner), il (falloir) que vous (respecter) tout ce que je (dire)."
7. Max, un de mes élèves, craignait que les filles (ne pas aimer) notre excursion. Il avait peur qu'elles (ne pas vouloir) visiter la Géode.
8. Les autres ne comprenaient pas pourquoi il (avoir) peur. Ils ont dit qu'on (pouvoir) décider ensemble où on (aller).
9. Beaucoup de mes élèves ont apprécié que nous (se rendre) à la Géode. Par ailleurs, ils ont proposé que nous (visiter) la Cité des Sciences et de l'Industrie.
10. Les filles avaient aussi envie que nous (découvrir) ses différentes parties. Elles ont aussi demandé que les deux classes (prendre) part aux activités offertes par le Planétarium.

56

Setze die richtigen Verbformen ein.

Finver a trouvé un bon job dans un magazine de jeunes qui s'appelle "Notre vie à 17 ans"! Il répond aux lettres sous la rubrique "Courrier du coeur".

Cher Docteur Finver,
je vous écris parce que j'ai de gros problèmes. Voilà, je (être) amoureux d'une fille qui (prendre) tous les matins suis
le même métro que moi. Je crains qu'elle (avoir) un petit ami, car je la (voir) souvent avec deux garçons. De plus je (être) de nature timide et j'ai peur qu'elle (se moquer) de moi si je lui (adresser) la parole. Je sais qu'il (falloir) que je (arriver) à maîtriser ma timidité. Il est grand temps que je lui (parler), car je (être) très malheureux.
Mes amis s'inquiètent que je (ne pas pouvoir) faire le premier pas et que je (rater) l'occasion de discuter avec elle. Ils me (recommander) de lui offrir des fleurs. Mais je crains d'être trop timide.
J'espère que vous me (dire) ce que je (devoir) faire.

*Marc*

Cher Marc,
Comme ta lettre est la première, je (pouvoir) prendre mon temps pour y répondre.
Je suggère que tu (entreprendre) quelque chose. Il ne faut pas que tu (être) timide. Il se peut qu'un psychothérapeute (pouvoir) t'aider. Mais il faut que je te (prévenir): ils coûtent cher. Et souvent, ça ne sert à rien de les contacter.
Il vaut mieux que tu (essayer) de t'aider toi-même. Il suffit que tu te (comporter) très naturellement. Je ne crois pas que les fleurs (être) nécessaires. Je crains qu'elles (ne pas l'impressionner).
Je me réjouis que tu (écrire) cette lettre parce que je (faire) exactement la même expérience.
Un jour, j'ai rencontré une fille qui me (plaire) énormément. Je redoutais qu'elle me (rejeter), mais j'ai fini par lui parler. Depuis, nous (ne plus se quitter).
Alors, cher Marc, (ne pas hésiter) à lui parler. Il suffit d'être gentil et poli. Bonne chance!

*Finver*

P

## **Indikativ** oder ***subjonctif***?

Da es Ausdrücke gibt, nach denen sowohl der Indikativ als auch der *subjonctif* stehen kann, lies dir zuerst einmal Finvers „Regel" durch, der sich leider nicht nur als Maler, sondern auch als Dichter betätigt!

Den Indikativ verwendet man,
sieht man die Welt als sicher an
oder als doch sehr wahrscheinlich,
und gar nichts dran ist einem peinlich.
Man ist neutral und objektiv
und nichts im Blick ist schief.

Dem anderen ist's um die Welt
nicht so klar und recht bestellt.
Er glaubt nichts recht, er urteilt, richtet,
voll Schwermut er vom Leben dichtet.
Er fürchtet, fordert und verbietet,
Gefühlen er viel Raum vermietet.
Daher hat nun im Nebensatz
der *subjonctif* für ihn nur Platz.

Betrachte dazu nun folgende Tabelle:

| Indikativ | *subjonctif* |
|---|---|
| Sicher/wahrscheinlich | nicht sicher |
| ***je crois***<br>***je pense, il me semble***<br>***j'ai l'impression***<br>***je suppose, j'imagine***<br>***je trouve***<br>***je jure***<br>***je vois, j'entends,***<br>***je confirme, j'annonce***<br>***je constate*** | ***je ne crois pas***<br>***je ne pense pas, il semble***<br>***je n'ai pas l'impression***<br>***imagine/suppose*** (stell dir vor)<br>***je ne trouve pas.***<br>***je ne jurerais pas*** |

Lass uns Beispiele suchen, damit dir der Unterschied klarer wird. Beginnen wir mit dem Wort ***imaginer***.

*Quelqu'un a attaqué une banque à côté de chez nous.*
***J'imagine que Finver connaît*** *le coupable.*
Ich denke, dass Finver den Täter kennt.
Das heißt, ich halte es für wahrscheinlich, dass er den Täter kennt.

Wenn ich jetzt aber sage:
***Imagine que Finver connaisse** le coupable.*
würde das bedeuten: „Denk dir, dass Finver den Täter kennt!"
Man könnte z. B. hinzufügen: „Stell dir das vor! Nicht auszudenken!"
Das heißt, durch den Imperativ wird der Gliedsatz zu einer reinen Möglichkeit und steht daher im *subjonctif*.

☆ Auch ***croire*** ist ein Wort, das verschieden verwendet werden kann.

***Je crois qu'il connaît** le coupable.*
Ich glaube, dass er den Täter kennt.

***Je ne crois pas qu'il connaisse** le coupable.*
Durch die Verneinung („Ich glaube nicht") wird der Inhalt des Gliedsatzes automatisch als nicht sicher hingestellt.

Bei der Frage „***Crois-tu que Finver connaisse** le coupable?*" stelle ich den Inhalt des Gliedsatzes als nicht sicher hin, denn ich frage ja den anderen, ob er es für möglich hält!

☆ Auch nach *je ne pense pas, je ne trouve pas* folgt der *subjonctif*!

Finver: *François, **je jure que je ne connais pas** le coupable!*
*Mais **je ne jurerais pas qu'il ne me connaisse pas**!*
Ich möchte nicht schwören, dass nicht sie, äh . . . er mich kennt. Ich weiß es jedoch nicht genau!

Außerdem weise ich dich darauf hin, dass wir uns nun in einem Bereich befinden, der ganz nach „Sprachlichen Feinheiten" aussieht und mit dem unsere Schüler vielleicht gar nichts mehr anfangen.
Du musst auch gestehen, dass wir bei den Ausdrücken, bei denen *subjonctif* oder Indikativ möglich ist, oft aus „Bequemlichkeit" bzw. der Schönheit wegen den *subjonctif* verwenden! Und überhaupt! In manchen Fällen streiten sogar die Gescheitesten, was man denn nun verwenden muss!

Ich bin daher für folgende Kurzregel:

| ! |
| --- |
| **Inhalt des Gliedsatzes sicher oder sehr wahrscheinlich (egal, ob er nun objektive Wirklichkeit ist oder nicht!): Indikativ.** |
| **Inhalt unwahrscheinlich oder eben nur möglich: *subjonctif*.** |

P

## DER *SUBJONCTIF* NACH BESTIMMTEN ADJEKTIVEN UND PARTIZIPIEN

M. Ver: *Finver,* ***je trouve intéressant que tu me dises*** *quelquefois ce que tu penses. Mais* ***je ne suis pas d'accord que tu termines*** *une leçon sans me le demander.*

Finver: ***C'est bien que tu sois*** *content de moi. Excuse-moi de ne pas t'avoir demandé de terminer la leçon, mais je pense* ***qu'il est nécessaire que quelqu'un t'arrête*** *parce que tu exiges trop de choses des élèves.* ***Ils sont certainement contents que je puisse*** *te freiner.*

M. Ver: *T'as raison, Finver. Faisons vite.*

**!** Nach Adjektiven oder Partizipien, die ein **Gefühl**, einen **Wunsch**, eine **Vermutung**, ein **Urteil** etc. ausdrücken, verwendest du den *subjonctif*. Es können entweder unpersönliche Ausdrücke sein *(il est/ c'est . . .)* oder prädikativ gebrauchte Wörter *(je suis choqué)*.
Auch die Wendung ***„je trouve*** **+ Adjektiv"** verlangt den *subjonctif*.

Hier einige der möglichen Wendungen:

| |
|---|
| ***je suis*** *choqué, content, désolé* (es tut mir leid), *étonné* (erstaunt), *fâché, fier* (stolz), *heureux, mécontent* (unzufrieden), *ravi* (entzückt), *surpris, triste que* etc. |
| ***il est / c'est / je trouve*** *amusant, agréable, bête, bien, bizarre, drôle, essentiel* (wesentlich), *étrange* (seltsam), *faux, important, impossible, inévitable* (unvermeidbar), *intéressant, inutile* (unnütz), *juste* (richtig), *logique, malheureux, naturel, nécessaire, normal, possible, rare, super, surprenant* (überraschend), *terrible, triste que* etc. |

Die Liste der Wörter ist natürlich nicht vollständig! Aber wenn du diese alle kennst und anwendest, finde ich das genial!

**K**

### *SUBJONCTIF* (5) Verwendung

☆ nach bestimmten Adjektiven und Partizipien, die ein Gefühl, einen Wunsch, eine Meinung ausdrücken:

*je suis choqué, content que etc.*

☆ nach unpersönlichen Ausdrücken wie: *c'est bien que, il est intéressant, agréable* etc. *que*

☆ nach *je trouve agréable, bien que* etc.

Toi: *Je suis heureux que je sache . . .*

Finver: Halt! So geht das nicht. Du musst sagen: *Je suis heureux de savoir . . .*

Toi: Warum? Ich bin doch glücklich, dass ich weiß . . .

Finver: Bei uns bist du „glücklich zu wissen", dass irgendetwas passiert ist.

Denn wenn im Haupt- und Gliedsatz das Subjekt identisch ist, verwendet man eine Infinitivkonstruktion, kein *que* + *subjonctif*!

| | | | |
|---|---|---|---|
| ***Je*** | *suis heureux que* | ***tu*** | *saches tout.* |
| **Ich** | bin glücklich, dass | **du** | alles weißt. |
| Subjekt | | Subjekt | |

| | | | |
|---|---|---|---|
| ***Tu*** | *es heureux de tout savoir.* | | |
| (Du bist glücklich, alles zu wissen) | | | |
| **Du** | bist glücklich, dass | **du** | alles weißt. |
| | Subjekt | | |

**57**

*que* + *subjonctif* oder Infinitiv? (Teil 1 für Infinitiv-Anfänger)

1. François est triste/ il est malade
   François est triste d'être malade.

**à toi**

2. Paulette trouve bien/ sa mère a passé le permis de conduire
3. Robert est fâché/ nous sommes partis sans dire au revoir
4. Séverine est contente/ elle travaille à Paris
5. Les enfants de Trixie sont tristes/ Séverine retourne à Paris
6. Jola est ravie/ son amie lui a présenté Paco Rabane
7. Paco est surpris / il revoit Jola au cours d'un bal à Vienne
8. Finver est étonné/ il rencontre beaucoup de vers arrogants à Paris
9. Il est fier/ les autres le reconnaissent comme l'auteur de ce livre
10. Nous sommes heureux/ nous avons du succès

Toi: Na gut, da kenn ich mich aus. Aber was ist, wenn ich z. B. zu meiner Freundin sagen will: „Ich bin froh, dass ich dich kennengelernt habe". Wenn ich also ein vorzeitiges Geschehen ausdrücken will.

Ver: Das heißt bei uns: *Je suis heureux d'avoir fait ta connaissance*, deine Bekanntschaft gemacht zu haben.
Du musst also den Infinitiv quasi in die Vergangenheit setzen.
Wie das geht, erfährst du detailliert ab Seite 57.

**TIPP** Willst du die folgenden Übungen machen, musst du dich vorher mit dem Kapitel „Infinitivkonstruktionen" beschäftigen.
Wenn du das schon hinter dir hast, kannst du hier weiterarbeiten.

**58** *Subjonctif* oder Infinitiv? (Teil 2 für Infinitiv-Fortgeschrittene)
Verbinde die Sätze. (Achtung: 2. Satz gleichzeitig oder vorzeitig?)

1. Anne est heureuse / François a pris des vacances en mai.
2. Ils sont contents / ils partent pour l'Autriche ensemble.
3. François est ravi / sa mère lui a donné deux mille francs.
4. La mère est désolée / elle n'a pas dit à François de lui apporter des „Mozartkugeln".
5. Elle est surprise / François lui en a apporté deux boîtes.
6. Ils sont étonnés / Vienne est vraiment une ville fascinante.
7. Ils sont heureux / ils ont rencontré Séverine.
8. Séverine est enchantée / les deux peuvent habiter chez elle.
9. Monique est triste / elle n'a pas le temps de les accompagner.
10. Elle est satisfaite / les deux lui ont écrit cent cartes postales.

**59** Übersetze:

1. Ich bin zufrieden, dass ich in Paris lebe.
2. Finver ist traurig, dass wir Cannes verlassen haben.
3. Es ist ganz normal, dass er Cannes Paris vorzieht.
4. Es tut mir leid *(je suis désolé)*, dass unsere Freunde nur selten nach Paris kommen.
5. Bist du überrascht, dass du drei Briefe von mir erhalten hast?
6. Meine Eltern sind stolz, dass ich die Prüfung bestanden habe.
7. Sie sind glücklich, dass sie bei der Abschlussfeier gewesen sind.
8. Sind eure Mütter glücklich, dass ihr brav lernt?
9. Pauls Vater ist schockiert, dass er die Schule nicht beenden will.
10. Er ist froh, dass er Paul überredet hat, die Prüfung zu machen.

**P**

**60** Nun kommen auch Verneinungen dazu!
Verbinde die Sätze zu einem Satzgefüge.

1. Nous sommes malheureux. Nous ne sommes pas partis en vacances avec nos amis.
   Nous sommes malheureux de ne pas être partis en vacances ...

**à toi**

2. Ils sont contents. Comme destination de leur voyage ils ont choisi Grasse.
3. Ils y ont observé, comme tous les touristes, la fabrication d'un parfum. C'est normal.
4. Caroline est triste. Son père ne lui a pas acheté de parfum.
5. Je leur avais dit de visiter Saint-Paul-de-Vence. Ils étaient heureux.
6. L'arrière-pays de la Côte d'Azur n'est pas surpeuplé. Pour eux, c'est surprenant.
7. Finver ne connaît pas encore Saint-Paul-de-Vence. Il est triste.
8. On y trouve un musée remarquable: la Fondation Maeght. Au cours de ma première visite dans cette ville, j'en étais étonné.
9. De plus, j'étais ravi. La nature de cette region est vraiment intacte et on y trouve encore le calme.
10. Sur la Côte, on ne peut pas échapper au tumulte. C'est dommage.

**61** Übersetze (die „es", die den Infinitiv ankündigen, werden nicht übersetzt!):

1. Wir sind erstaunt, dass wir hier keine Touristen finden.
2. Er findet erstaunlich, dass dieser Ort noch nicht überlaufen ist. *(surpeuplé)*
3. Es ist amüsant, dass ich hier einen Freund getroffen habe.
4. Finver findet es gut, dass ich meine Eltern nicht eingeladen habe.
5. Sie sind traurig, dass sie uns nicht begleiten können.
6. Ich finde es falsch, dass sie es mir nicht gesagt haben.
7. Finver findet es nicht normal, dass sie jeden Urlaub in Nizza verbringen wollen.
8. Papa ist unzufrieden, dass Mama nicht fliegen mag. *(prendre l'avion)*
9. Er findet es bedauerlich, dass er deshalb noch nie in L.A. war.
10. Meine Mutter ist glücklich, dass sie nicht in die USA fahren muss.

**62** Verbinde die Sätze. (Achtung: Nicht immer ist der *subjonctif* verlangt!)

1. Moi, je n'aime pas la publicité.
   Je la trouve embêtante. Elle interrompt tous les films.
   Je trouve embêtant qu'elle interrompe tous les films.

**à toi**

2. Je connais tous les nouveaux produits sans devoir les acheter. C'est intéressant.
3. La pub fait connaître des produits. C'est bien.
4. Mais la pub peut aussi créer des besoins artificiels. Je le sais.
5. Quelquefois j'ai acheté des choses dont je n'avais pas besoin. J'en étais vraiment choqué.
6. Une fois, mon grand-père (qui habite dans un petit appartement) a acheté une petite tondeuse à gazon. J'en étais effrayé.
7. La pub nous incite à acheter des produits. Mémé le disait toujours.
8. Mais la pub joue quand même un rôle important dans la vie économique. J'en suis sûr.
9. La pub influence le choix des consommateurs. Les metteurs en scène l'espèrent.
10. Seul Finver n'est pas influencé. J'en suis heureux.

**63** Setze die richtigen Zeitformen ein!

1. Hier, j'ai rencontré Patrice qui a dit qu'il ____________________ (vouloir) acheter une voiture. Il est content que son père le lui ________________ (permettre). Mon père ______________________________ (ne pas me le permettre) si je lui __________________ (demander). Il aurait peur.
2. En effet, Papa trouve déjà dangereux que nous __________________ (rouler) en moto. Il est mécontent que Sylvie ______________________ (l'acheter) sans lui demander.
3. Moi, je serais ravi s'il ______________________________ (me donner) de l'argent pour acheter aussi une moto. Mais il m'a déjà dit que Maman et lui ____________________________________ (ne pas permettre) que je _________________________________ (s'en acheter) une.

# MUDRA FÜR DEN GESUNDEN WILLEN

**Du hast keine Lust zu lernen?**

Diese Lernunwilligkeit kannst du folgendermaßen abbauen:

Du legst den Zeigefinger in die Daumengrube und bringst Daumen und Mittelfingerkuppe zusammen.

Das Mudra kannst du mit beiden Händen gleichzeitig oder jeweils mit einer Hand halten. Immer dann, wenn du eine Hand gerade nicht brauchst, hältst du die Finger in der beschriebenen Stellung.

Hervorragend geeignet zum Hinhören im Unterricht, beim Schreiben und Nachdenken. Sogar während des Lesens kannst du es halten.

**Dauer der Übung: mindestens 7 Minuten**

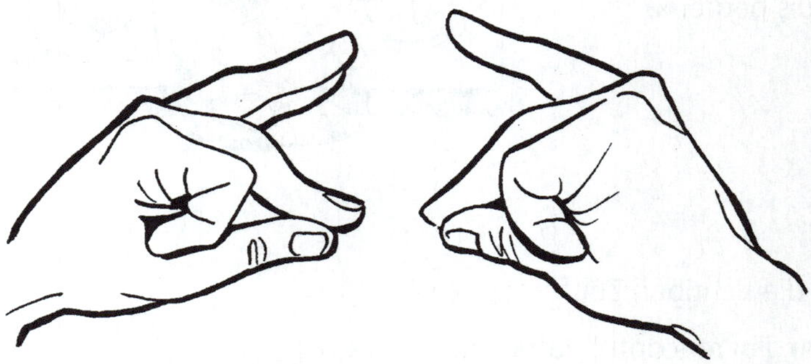

## DER SUBJONCTIF NACH KONJUNKTIONEN (BINDEWÖRTERN)

Finver: *Il est temps de continuer, François,* ***pour que tes élèves puissent*** *bientôt terminer ce chapitre.* ***Autant que je sache*** *ils s'intéressent aussi à autre chose. Ils ne veulent plus attendre* ***jusqu'à ce que tu aies trouvé*** *deux mille exemples.*

M. Ver: ***Bien que je sois persuadé*** *que mes élèves adorent mes exemples, j'arrête les exercices et fais autre chose. D'accord?*

Falls dir das Kapitel wirklich schon zu lange ist, kann ich dich beruhigen: Es ist bald aus. Es folgen nur mehr 318 Seiten. Hahaha.

Trage dir die wichtigsten *subjonctif*-Konjunktionen in deine Kartei ein.

K

| ***SUBJONCTIF*** **(6)**<br>**Verwendung nach bestimmten Konjunktionen (Bindewörtern)** | |
|---|---|
| ***avant que*** (bevor)<br>***jusqu'à ce que*** (bis) | *Je m'en vais avant que Finver me voie.*<br>*Il attend jusqu'à ce que je revienne.* |
| ***Ce n'est pas que***<br>(nicht etwa, dass) | *Ce n'est pas que je sois fâché, mais . . .* |
| ***afin que*** (damit)<br>***pour que*** (damit) | *Viens demain afin que je puisse t'aider.*<br>*Elle vient pour que je puisse l'aider.* |
| ***sans que*** (ohne dass) | *Il est parti sans que je sache pourquoi.* |
| ***pourvu que***<br>(vorausgesetzt, dass)<br>***à condition que***<br>(unter der Bedingung, dass) | *Je t'aide pourvu que tu viennes à l'heure.*<br>*A condition que Finver vienne à l'heure je lui prépare un bon dîner.* |
| ***bien que*** (obwohl)<br>***quoique*** (obwohl)<br>***malgré que*** (obwohl) | *Je pense à toi bien que (quoique, malgré que) tu ne sois pas là.* |
| ***autant que*** (soweit) | *Autant que je sache, il est à Hollywood.* |

ABER: *jusqu'au moment où* + Indikativ

64

Verbinde die folgenden Sätze mit der angegebenen Konjunktion.

1. Je reviens ce soir. Tu dois me montrer tes travaux. (pour que)
   Je reviens ce soir pour que tu me montres tes travaux.

à toi

2. Je ne sortirai pas. Tu dois me dire la vérité. (avant que)
3. Vous ne gagnez pas beaucoup. Vous travaillez dur. (bien que)
4. Pierre achète ce livre. Il peut l'aider dans ses études. (afin que)
5. Il veut bien prendre un bain. L'eau doit être chaude. (pourvu que)
6. Elle est partie en Grèce. Je le sais. (autant que)
7. Je prépare le dîner à Finver. Il part en voyage. (avant que)

Nun sehen wir uns die folgenden Wörter genauer an:

## AVANT QUE / AVANT DE

| | | | | |
|---|---|---|---|---|
| ***Je*** | *dînerai avec lui* ***avant qu'*** | ***il*** | ***parte****.* | |
| **Ich** | werde mit ihm essen, bevor | | **er** | abreist. |
| Subjekt | | | Subjekt | |

| | | | |
|---|---|---|---|
| ***Il*** | *dînera avec moi* ***avant de partir****.* | | |
| **Er** | wird mit mir essen, bevor | **er** | abreist. |
| | Subjekt | | |

Toi: Alles klar! Im ersten Satz gibt es zwei unterschiedliche Subjekte (ich, er), deshalb verwendet man ***avant que + subjonctif***.

Im zweiten Satz gibt es nur ein Subjekt (er):
Man verwendet ***avant de + infinitif***!

## POUR QUE / POUR (AFIN QUE / AFIN DE)

| | | | |
|---|---|---|---|
| ***Finver*** | *dîne avec moi* ***pour que je puisse*** *lui parler.* | | |
| **Finver** | isst mit mir, damit | **ich** | mit ihm sprechen kann. |
| Subjekt | | Subjekt | |

| | | | |
|---|---|---|---|
| ***Je*** | *dîne avec Finver pour pouvoir lui parler.* | | |
| **Ich** | esse mit Finver, (um mit ihm sprechen zu können.) | | |
| | damit | **ich** | mit ihm sprechen kann. |
| | Subjekt | | |

## *SANS QUE / SANS*

| | | | |
|---|---|---|---|
| ***Finver*** | *est parti* ***sans que je lui aie parlé****.* | | |
| **Finver** | ist abgereist, ohne dass | **ich** | mit ihm gesprochen habe. |
| Subjekt | | Subjekt | |

| | |
|---|---|
| ***Finver*** | *est parti sans m'avoir parlé.* |
| **Finver** | ist abgereist, (ohne mit mir zu sprechen.)<br>ohne dass **er** mit mir gesprochen hat. |
| | Subjekt |

K

| ***SUBJONCTIF*** **(7) – Infinitiv** | |
|---|---|
| Nach einigen Konjunktionen muss man, wenn der Haupt- und Gliedsatz dasselbe Subjekt haben, Infinitivkonstruktionen statt *que + subjonctif* verwenden! | |
| *Je pars avant que tu reviennes.*<br>*Tu pars pour que je sois content.*<br>*Tu pars sans que je le sache.* | *Je pars avant de te dire au revoir.*<br>*Tu pars pour me rendre content.*<br>*Tu pars sans me le dire.* |

65

*Subjonctif* oder Infinitivkonstruktionen?

1. Nora prend des vitamines. Elle va à son examen. (avant)
   Nora prend des vitamines avant d'aller à son examen.

à toi

2. Michel prend la voiture de son père. Son père ne le sait pas. (sans)
3. Je garde leurs enfants. Ils reviennent. (jusqu'à)
4. Manon ferait tout. Elle veut revoir Florian. (pour)
5. J'ai compris ce qu'il voulait. Il l'a dit. (avant)
6. Florian ne téléphone plus. Manon sait qu'il ne l'aime plus. (pour)
7. Florian part. Il n'essaie pas de parler à Manon. (sans)
8. Manon aimerait revoir Florian. Elle lui dit qu'elle l'aime. (afin)
9. J'ai invité ma famille. Je n'ai rien dit à Finver. (sans)
10. Ma famille a accepté mon invitation. Mais Finver doit être poli. (pourvu)

**66** Alles *subjonctif* oder was?
(Natürlich nicht nur *subjonctif*!)

1. Depuis que Mémé (faire) du yoga, elle n'a plus mal à la tête.
2. Mon oncle était à Monaco pendant que ma tante (être) malade. Il est parti sans qu'elle le (savoir).
3. J'aurais aimé te voir avant que tu (partir).
4. Bien qu'il (parler) lentement, je n'ai rien compris.
5. Si tu (demander) à ton père de te donner sa voiture, il te la (donner).
6. Pour que Finver (ne pas faire) ce gâteau, je lui ai dit que le four (ne pas marcher).
7. Il a pu passer la douane sans que le douanier (contrôler) son passeport.
8. Après que je (partir), elle (allumer) la télé.
9. Il accepte le travail à condition qu'on (mettre) une voiture de l'entreprise à sa disposition.
10. Kathie est sortie avec une copine sans que sa mère le lui (permettre).
11. Si Mimi (venir) nous voir, je (être) content. Mais elle n'est pas venue.

*Rappel:* Nun, wie sieht es aus mit den *Si*-Sätzen?
Hier eine kurze Zusammenfassung:

| ***Si*-Satz** | **Hauptsatz** |
|---|---|
| *présent* | *futur* |
| *imparfait* | *conditionnel présent* |
| *plus-que-parfait* | *conditionnel passé* |

*Rappel:* *après que* verlangt nicht den *subjonctif*!
Da ein Satz mit *après que* aber nur vorzeitig zum Hauptsatz sein kann, musst du auf die Zeitenverwendung achten! (Siehe „Durchstarten für das 2. Lernjahr", Teil B, Seite 29)

Außerdem gilt hier dieselbe Regel wie zuerst bei *avant que, pour que* oder *sans que*:

*après que* wird bei unterschiedlichen Subjekten verwendet.
Gibt es nur ein Subjekt, bildest du eine Infinitivkonstruktion!

| | | | | |
|---|---|---|---|---|
| *Après que* | ***Finver*** | *était parti pour Cannes,* | ***j'*** | *étais un peu triste.* |
| Nachdem | **Finver** | nach Cannes abgereist war, war | **ich** | etwas traurig. |
| | Subjekt | | Subjekt | |

| | | | | |
|---|---|---|---|---|
| *Après être parti pour Cannes,* | | | ***Finver*** | *était content.* |
| Nachdem | **Finver** | nach Cannes abgereist war, war | **er** | zufrieden. |
| | | Subjekt | | |

67

Übersetze (Teil 1, für Anfänger):

1. Er besucht uns, damit wir ihm das Problem erklären.
2. Bevor ich ihn anrufen konnte, war er schon da.
3. Bevor du gehst, schalte bitte den Fernseher aus.
4. Wollen Sie hier warten, bis meine Eltern heimkommen?
5. Ich reise ab, obwohl ich viel Arbeit habe.
6. Soviel wir wissen, kehrt Finver nicht mehr nach Paris zurück.
7. Er kommt unter der Bedingung zurück, dass er ein eigenes Appartement bekommt.

8. M.Ver ist einverstanden, vorausgesetzt, Finver zahlt die Miete selbst.
9. Finver schreibt eine Annonce, damit er einen Job findet.
10. M.Ver hilft Finver bei der Suche nach einem Appartement, damit er endlich zufrieden ist.

68

Übersetze (Teil 2, für Fortgeschrittene):

1. Der Sommer nähert sich, und **ich** weiß nicht, was ich machen werde, damit **ich** nachher sagen kann, dass ich zufrieden war.
2. Meine Eltern erlauben nicht, dass ich mit Alain im August nach Italien fahre, obwohl ich im Juli genug Geld verdienen werde.
3. Sie haben Angst, dass mir etwas passieren könnte.
4. Ich glaube, mein Freund muss noch warten, bis ich 18 bin.
5. Ich wage nicht abzureisen, ohne dass meine Eltern es wissen.
6. Alain, mein Freund, ist froh, dass seine Eltern nicht so konservativ sind. Sie akzeptieren, dass ihr Sohn macht, was er will.
7. Heute Abend wird er uns besuchen und mit meinen Eltern reden, damit sie noch ja sagen.
8. Ich hoffe, dass er sie überzeugen kann, bevor meine kleine Schwester heimkommt, weil sie auch gegen meine Reise ist.
9. Ich fürchte, dass sie eifersüchtig ist. Nicht etwa, dass wir uns nicht gut verstehen, sie hat eher Angst, dass sie mich verliert.
10. Sie glaubt, dass ich nicht genug Zeit für sie habe, wenn meine Eltern mir nicht mehr verbieten, dass ich Alain öfter treffe.
11. Obwohl ich meine Eltern wirklich liebe, bin ich böse, dass sie mich noch immer wie ein kleines Kind behandeln.

Nun folgen noch 3 Übungen, die alles, was du bisher über den *subjonctif* gelernt hast, umfassen.

69

Verbinde die folgenden Sätze.

1. Mange des épinards.
   Tu dois reprendre des forces. (pour)
2. Je suis fatigué. Je n'ai pas travaillé. (bien que)
3. Tu es rentré trop tard. C'est dommage.
4. Paris ne te plaît pas? Je ne crois pas.
5. Vous n'avez pas fait vos devoirs. Je suis désolé.
6. Henri connaît tous les cafés de Paris. Du moins, il me l'a dit.
7. Vous n'avez pas vu le Sacré Coeur et vous n'êtes pas montés à la Tour Eiffel? Cela me surprend.
8. Vous rentrez à Vienne. Vous devez le faire. (avant de)
9. Si vous voulez visiter cette exposition, vous ferez longtemps la queue. (Il se peut . . .)
10. Tu n'as plus le temps pour visiter le musée Rodin. Je le crains.
11. Le vendeur ne veut pas changer ma jupe. Il y a un trou. (bien que)
12. Je suis heureux. Je me suis bien reposé pendant le week-end.
13. Vous continuez à faire du bruit? Je vais appeler la police. (si)

P

70

Füge die richtigen Verbformen ein. (Thematisch geht es in dieser Übung um unsere Umwelt.)

1. Notre environnement est en danger. Je sais que c'(être) une réalité.
2. Il faut agir vite avant qu'il (être) trop tard.
3. Je ne crois pas qu'on (avoir) encore beaucoup de temps pour (sauver) notre planète.
4. Samedi il y (avoir) une manifestation contre la pollution de la terre. J'aimerais que tu (venir) aussi.
5. Je crains que peu de gens y (prendre) part.
6. J'espère que les gens (se rendre) de plus en plus compte du danger.
7. Nous sommes tristes que la nature (être) traitée de cette façon.
8. Il est temps que les responsables (réagir) enfin.
9. Les écologistes nous disent sans cesse que nous (être) tous touchés.
10. Je doute que les gens (changer) cette attitude peu responsable.
11. Si nous nous (entraider) tous, nous (sauver) peut-être la terre.
12. Il faut (laisser) une planète habitable aux enfants.
13. Si on (faire) moins d´erreurs, on (ne pas être) obligé de faire face à tant de dégâts.
14. C'est un fait que les fleuves et la mer (être) pollués.
15. Quelquefois je crains qu'on n' (avoir) déjà perdu la bataille.
16. Mais il faut absolument qu'on (reprendre) courage pour entreprendre la sauvegarde de la planète Terre.
17. Je suis heureux qu'il y (avoir) déjà pas mal de choses qui (changer).
18. A Paris, on (pouvoir) trouver des poubelles pour le papier et le verre. Il était temps que cela (arriver).
19. C'est important que tout le monde (prendre) conscience du danger que notre planète (courir).

**71** Eine Runde geht noch! *Subjonctif* oder nicht, das ist hier wieder die Frage! (Thema: Urlaub!)

1. Nous cherchons un petit chalet dans les Alpes, mais je crains qu'il ne (être) déjà trop tard.
2. Il faut qu'on (écrire) une lettre. – Non, il vaut mieux que tu (envoyer) un fax.
3. Je sais que tu (préférer) qu'on (passer) nos vacances à la mer.
4. Bien que tu (avoir) raison, je passerai mes vacances à la montagne.
5. Si vraiment je (ne pas être) d'accord, je te le (dire). Tu peux en être sûr.
6. Ma mère m'a dit qu'il (faire) très beau là-bas. Mais elle a ajouté qu'il (falloir) tout de même emporter des pulls chauds.
7. Je ne crois pas qu'il (faire) si froid là-bas, mais je pense qu'on (devoir) tout prévoir.
8. Je dois t'avouer que je (être) triste que tu (ne pas vouloir) passer les vacances à la mer. Tu sais bien que j'(aimer) le soleil et les filles en bikini.
9. Il est grand temps que tu (comprendre) qu'il y a autre chose dans la vie que les filles.
10. Je sais, il y a aussi les garçons . . . J'aime aussi les montagnes, mais c'est dommage qu'il (être) plus facile de draguer les filles à la plage qu'à la montagne.
11. Finver, il faut maintenant qu'on (se décider). Mais jusqu'à ce que tu (prendre) une décision, il n'y aura plus de chalet ni d'hôtel.
12. Depuis que le trou d'ozone (exister), j'ai peur que tu (attraper) un coup de soleil. Si tu (être) rouge comme une écrevisse, les filles (se moquer) de toi. Et moi, je rirai aussi.

13. Je suis déçu que tu (dire) cela. Je pensais que tu (être) mon ami. J'exige que tu (énumérer) au moins deux arguments supplémentaires en faveur de la montagne!
14. Pourvu que tu (avoir) de bonnes chaussures de marche, les randonnées à la montagne (être) plus saines que de mettre ses doigts de pieds en éventail à la plage.
15. En plus, il est important que nous (respirer) le bon air des Alpes. Et si tu (ne pas partir) avec moi, je (voyager) seul. Ou avec Mimi?

P

## DER *SUBJONCTIF* IN RELATIVSÄTZEN

Finver: *François, je reste à Paris parce que j'ai fait la connaissance d'une jeune fille qui est vraiment folle de moi. Elle m'adore et je la fascine!*

M. Ver: *Je crois plutôt que* ***tu cherches une fille qui soit*** *folle de toi! Je doute qu'il y en ait une!*

Finver: *Mais je sais qu'il y en a!*

M. Ver: *Et moi je sais que* ***tu aurais besoin d'une fille qui soit amoureuse*** *de toi parce que tu . . .*

Finver: *Arrête, tu es méchant.*

M. Ver: Ich weiß, dass ich gemein bin, aber ich kann mir nicht vorstellen, dass es ein Mädchen gibt, das nach ihm verrückt ist!

Darum steht übrigens auch in meinen Relativsätzen der *subjonctif*! Denn wenn der Inhalt eines Relativsatzes als rein hypothetisch angesehen wird, setzt man das Verb in den *subjonctif*! Logisch, oder?

Es gibt natürlich verschiedene Hinweise, dass der Relativsatzinhalt nur möglich sein kann und nicht Tatsache ist.

| Verben des Wünschens z. B.: |
|---|
| *Finver* ***aimerait*** *vivre dans un pays où il ne pleuve jamais.* |

| Fragen |
|---|
| ***Connais-tu*** *un pays dans lequel il ne pleuve jamais?* |

| Verneinungen |
|---|
| *Il* ***n'****y a* ***aucun ver*** *qui soit comme Finver.* |

| Bedingungssätze |
|---|
| ***Si*** *tu trouves un ver qui soit comme Finver, dis-le moi.* |

Eine andere Art von „subjektivem" Relativsatz steht nach einem Superlativ bzw. nach einem Ausdruck mit „Ausschließlichkeitscharakter":

*Finver est* ***le ver le plus capricieux que je connaisse****.*
Du kennst vielleicht einen noch launenhafteren, ich nicht!

*Finver est* ***le seul ver qui fasse***
*de la gymnastique chaque matin.*
Zumindest habe ich sonst noch
nie einen beobachtet!

*Je suis* ***le premier ver qui écrive***
*un livre comme* „Durchstarten".
Oder kennt ihr schon einen anderen
Wurm, der Lernhilfebücher schreibt?

Und wenn du nun der Erste bist, der alles verstanden hat, darfst du gleich deine Karteikarten beschreiben!

Kann man den Relativsatz als hypothetisch betrachten
oder als rein subjektiv nur achten,
so wendet man auch den *subjonctif* an,
denn noch ist am Satz nichts Reales dran.

M. Ver: Ganz nett. Aber für die weniger Poetischen unter euch kommt der Merksatz von mir!

K

**_SUBJONCTIF_ (8) im Relativsatz**

☆ wenn er als hypothetisch betrachtet wird (z. B. nach Verben des Wünschens, nach Fragen, Verneinungen oder in Bedingungssätzen)
☆ nach Ausdrücken mit Ausschließlichkeitscharakter (*le seul, le dernier, le premier* etc.) bzw. nach Superlativen.

*Finver* ***aimerait*** *trouver une femme qui* ***soit*** *folle de lui.*
***Connais-tu*** *une femme qui* ***soit*** *folle de Finver?*
*Il* ***n'****y a* ***pas*** *de femme qui* ***soit*** *folle de lui.*
***Si*** *tu trouves une femme qui* ***soit*** *folle de lui, dis-le lui.*
*Il est* ***le seul*** *ver qui ne* ***soit*** *jamais content.*
*Il est le ver* ***le plus mécontent*** *que je* ***connaisse****.*

**72** Verbinde die Wortgruppen zu Sätzen, finde die richtigen Verbformen und die passenden Relativpronomen.

1. Ma mère – être – le plus joli ver – mon père – connaître
   Ma mère est le plus joli ver que mon père connaisse.

à toi

2. Ce – être – la seule chose – je – pouvoir faire – pour toi
3. Nous – chercher – hôtels – être – calme
4. Hier – elle – voir – le meilleur film – elle – voir – jamais
5. Il – acheter – la voiture la plus chic – il y – avoir – en ville
6. Pour moi – Muriel – être – la plus belle femme – Eric – connaître
7. Anne – aimer – trouver – un homme – savoir tenir une maison.
8. Phil – avoir besoin – un père – être – sévère

**73** *Subjonctif* oder nicht?

1. Mon ami Paul a trouvé une femme qui (savoir) parler le chinois mais pas le français. C'est le seul homme parmi mes amis qui (ne pas pouvoir) parler avec sa femme.
2. Voulez-vous un mari qui (être) impoli et capricieux? Voilà, je peux vous présenter quelqu'un qui (être) vraiment désagréable.
3. Jean aimerait épouser une femme qui (jouer) au tennis et qui (faire) de l'équitation parce que lui, c'est un homme qui (faire) du sport toute la journée.
4. Mes parents auraient toujours souhaité avoir trois filles qui (être) sages. Mais ils ont un fils qui (ne pas correspondre) à leur rêve.
5. Finver cherche une fille qui (vouloir) l'accompagner à Cannes. Mais elle ne doit pas savoir qu'il veut y aller pour voir toutes les femmes dont il (être) amoureux quand il y vivait encore.
6. Une de mes amies, Sonia, voulait toujours épouser un homme qui (pouvoir) lire tout ce qu'elle (désirer) dans ses yeux.
7. Depuis deux ans elle est avec Alain qui (être) l'homme le plus aveugle qu'on (pouvoir) imaginer.
8. Louis aura besoin d'une femme qui (savoir) bien faire la cuisine. Je ne connais aucun homme qui (être) si difficile. (= heikel)
9. Séverine cherchait un homme qui (connaître) tous les romans de Márquez parce que c'est un auteur qu'elle (admirer).
10. Elle a trouvé Henri qui (lire) toute la journée. Il est le seul homme dont je (avoir) fait la connaissance qui (lire) même pendant qu'il discute avec les autres.

P

## DER *SUBJONCTIF* IN SELBSTÄNDIGEN SÄTZEN

Toi: Sind wir nun endlich fertig? 40 Seiten *subjonctif*, das wirft den stärksten Mann um! Ich gehe jetzt!

Finver: ***Que personne ne sorte!*** Niemand verlässt den Raum!
Wir sind noch nicht ganz fertig! Denn es gibt den *subjonctif* auch in selbständigen Sätzen bzw. Hauptsätzen.
***Advienne que pourra!*** Komme, was wolle, ich mach weiter!

M. Ver: Jetzt auf einmal? Was ist in dich gefahren?

Finver:

* Es lebe Finver! Es lebe Frankreich!
Gott sei Dank!
Auf dass dieses Kapitel beendet werde!
Koste es, was es wolle!

M. Ver: Oh, ich fürchte, er ist übergeschnappt.
Ich werde meine Arbeit hier rasch beenden und dann den Arzt holen!

Finver hat natürlich aber auch recht, denn es gibt selbständige Sätze, in denen der *subjonctif* steht.

Es sind dies z. B. Ausrufe, die eine Art Befehl, Wunsch oder Bitte beinhalten. Es gibt sie mit *que* oder ohne *que*, und es sind häufig feste Wendungen.

| | |
|---|---|
| *Que personne ne sorte!*<br>*Que tous fassent leur devoir!* | Niemand verlässt den Raum<br>Dass alle ihre Aufgabe machen! |
| *Vive la liberté!*<br>*Dieu vous garde!* | Es lebe die Freiheit!<br>Gott schütze euch! |

Da für dich aber hauptsächlich die eingeleiteten *subjonctif*-Sätze wichtig sind, gibt es zu den selbständigen gar keine Übungen. Ich hoffe, es ist dir recht!

Dafür kommen nun drei Chef-Übungen, anhand derer du dich überzeugen kannst, dass du das Kapitel „*subjonctif*" wirklich im Gehirn gespeichert hast und anzuwenden weißt!

***EXERCICE DU CHEF 1***

Finde die richtigen Formen.

**Michel:** J'ai trouvé très intéressant que l'on (parler) des moyens de contraception en classe de biologie hier.
**Jean:** Oui, moi aussi. Je suis ravi que nous en (discuter) ensemble. Si je (pouvoir) en parler avec les parents, ça (être) encore plus facile, mais mes parents sont muets quand j'aborde ce thème un peu "tabou".
**Thierry:** Moi, malheureusement je (ne pas être) en classe hier. Qu'est-ce qui (se dire)?
**Finver:** Nous (parler) du Sida, mais avant nous (prendre) connaissance des moyens de contraception. Tu en connais quelques-uns?
**Thierry:** Oui, bien sûr. Moi, je connais la pilule. Il faut que la femme la (prendre) tous les jours.
**Finver:** Et il suffit qu'elle l'(oublier) une fois pour qu'elle (tomber) enceinte et c'est donc un moyen sûr à condition que l'on (être) vigilant. Cela exige que les filles (ne pas être) tête-en-l'air.
Je suis heureux que ce (être) elles qui (avoir) toute la responsabilité. Si j'(être) une femme, j'(avoir) déjà un tas d'enfants.
**Jean:** Notre prof a recommandé que nous (rappeler) à notre petite amie de prendre la pilule. Je crois qu'il (avoir) raison. Mais je crains qu'il y (avoir) déjà beaucoup de filles qui (savoir) que les deux partenaires (être) concernés et par conséquent qui (refuser) de prendre la pilule . . .
**Michel:** Je suis choqué que tu (dire) ça. Il est nécessaire que chacun (prendre) ses responsabilités. Je m'étonne que tu (ne pas accepter) ceci.
**Finver:** Je sais que tu (avoir) raison, mais pour nous, les hommes, il (être) plus facile autrefois quand on (pouvoir) être sûr que la femme (s'occuper) de tout. N'est-ce pas?
**Thierry:** Mais maintenant, il vaut mieux que nous (se protéger) contre le Sida. Avec un bébé, on (pouvoir) vivre si c'(être) nécessaire. Mais le Sida, c'est une maladie grave et seuls les préservatifs nous (permettre) d'être protégés.
**Michel:** Mais il est essentiel que nous (savoir) nous en servir. Alors, maintenant c'est nous qui (être) responsables de tout!
**Finver:** Ta petite amie, elle peut les acheter! Comme ça, vous partagez la responsabilité. Et avant que vous (faire) l'amour, tu (s'entraîner) à te servir d'un préservatif!
**Thierry:** C'est dommage que je (devoir) m'en aller. Je trouve bien que nous (en parler). Salut!

**AUSWERTUNG:**

Optimal wäre natürlich, hättest du keinen Fehler.
Aber auch ein bis drei Fehler akzeptiere ich noch.
Wenn es mehr sind, musst du dich gewissenhaft fragen, woher sie kommen und die notwendigen Schritte (Wiederholung, Konzentration etc.) ergreifen!

***EXERCICE DU CHEF 2***

Gesucht sind die richtigen Satzgefüge. (Achtung: nicht immer *subjonctif*! Sogar Infinitivkonstruktionen können vorkommen!)

1. Ils ont décidé hier de partir en Amérique Latine. Cela m'étonne.
2. Il fera beau en septembre. Je l'espère.
3. Henri a peur. Il ne veut pas rater l'avion pour Vienne.
4. Je t'invite au cinéma. Mais tu dois venir à l'heure. (à condition que)
5. Vous apprenez vraiment beaucoup. Vous voulez impressionner votre professeur. (afin)
6. Clemens n'a pas encore commencé à réviser pour le bac. Cela m'inquiète.
7. Il doit apprendre! Il est grand temps.
8. Je leur ai tout expliqué. Maintenant, ils peuvent travailler seuls. (après)
9. Finver a dit à Mémé: "Hier, j'ai discuté du Sida avec mes amis."
10. Mémé savait déjà tout ce qu'il faut savoir sur le Sida. Finver trouvait cela bien.
11. Non, je l'interdis! Tu ne sors pas avec ce mec.
12. Vous restez à la maison. Votre père le souhaite.
13. Il ont acheté la maison de leur rêve. Je m'en réjouis.
14. Le vendeur n'a pas plus de temps pour nous renseigner. Il le regrette.
15. Je ne conduis pas vite sur l'autoroute. Maman ne le supporte pas.
16. D'abord nous finissons cet exercice. Puis nous allons chez Paulette. (avant; après)
17. Les élèves sont rentrés hier. Je suis triste.
18. Ils ont beaucoup profité de ce cours. Je suis sûr.
19. Nous apportons le dessert. Tu veux?
20. J'aimerais mieux autre chose: Vous vous occupez de l'entrée et des boissons.

**AUSWERTUNG:**

Wieder liegt es an dir zu erkennen, womit du Schwierigkeiten hast. Und diese Schwierigkeiten gilt es zu beseitigen.
(Solltest du ganz allgemein Probleme mit dem Verbinden von Sätzen haben, dann versuche es immer zuerst auf Deutsch!)

## *EXERCICE DU CHEF 3*

Übersetze. (Ein Text für Fortgeschrittene!)

**A**

1. Finver diskutiert mit Freunden über die Scheidung *(le divorce)*: Ihr müsst verstehen *(il faut que)*, dass die Scheidung in den meisten Fällen *(la plupart des)* schmerzlich *(douloureux)* für die Kinder ist.
2. Ich glaube nicht, dass sie gegenüber dem Konflikt, den ihre Eltern haben *(vivre)*, gleichgültig sind. *(rester indifférent à qch)*
3. Ich bin überzeugt, dass es wesentlich ist, dass ihr die Wirkung einer Scheidung erkennt. *(connaître les effets)*
4. Es ist wichtig zu wissen, dass viele Kinder Angst haben, dass sich ihre Eltern ihretwegen *(à cause de)* getrennt haben.
5. Bevor ich heirate, werde ich einige Jahre bei meiner Frau leben, damit wir uns wirklich kennen. *(on)*
6. Bevor eine Frau mit dir leben will, musst du aber noch vieles lernen, Finver!

**B**

1. Ihr wollt Paris kennenlernen? Ich empfehle, dass ihr zuerst zum Montmartre geht *(se rendre)*, um das Sacré-Coeur zu besichtigen.
2. Ich bin immer erstaunt, dass der Stein dieser Kirche weiß bleibt.
3. Nathalie erklärt, dass dieser Stein beim Kontakt mit dem „sauren Regen" *(les pluies acides)* hell wird. *(s'éclaircir)*
4. Wir gehen natürlich zum Eiffelturm. Wir freuen uns, dass es schön ist, aber wir fürchten, dass wir schwindlig werden *(avoir le vertige)*, wenn *(quand)* wir hinaufgehen.
5. Finver zieht es vor, dass wir in der ersten Etage bleiben. *(s'arrêter)*
6. „Ich weiß, dass er 320 m hoch ist *(mesurer)*. Ich finde, es wäre besser, dass ich hier auf euch warte", sagt er.
7. Bevor wir zur Notre-Dame gehen, möchte Finver uns noch das Musée d'Orsay zeigen.
8. Du wärst begeistert, wenn du die Bilder sehen könntest, die sich dort befinden! Es sind die schönsten Bilder, die ich jemals *(jamais)* gesehen habe.

**AUSWERTUNG:**

Das sah zu Beginn vielleicht nach einer schwierigen Aufgabe aus, die du sicher gut gemeistert hast. Bravo! Es ist schon toll, was du bereits kannst, oder?
(Solltest du jedoch an den Vokabeln gescheitert sein, dann nimm dich bei der Nase und überlege einmal, ob es sich nicht lohnen würde, sie ab und zu zu lernen!)

# NILPFERD

**Du kannst dich nicht mehr konzentrieren?**
**Du sitzt schon viel zu lange bei deinen Hausaufgaben?**

Tanke wieder Energie:
Du stehst, die Beine sind hüftbreit auseinander, die Füße zeigen gerade nach vorne. Die Knie sind gebeugt und leicht federnd. Du schwingst nun die gestreckten Arme abwechselnd nach vorne und hinten.
Achte darauf, dass der Arm vorne und der Arm rückwärts mit den Schultern eine Linie bilden.

**Dauer der Übung:**
**50-mal mit jedem**
**Arm nach vorne**

ES IST BEINAHE NICHT ZU GLAUBEN, WAS DU ALLES SCHAFFEN KANNST, WENN DU NICHTS ANDERES TUST.

# IV. DIE VERNEINUNG – LA NEGATION

## DIE VERNEINUNG MIT *NE . . . PAS, PLUS, GUERE, JAMAIS*

Finver: *Non, non, François. Il ne faut plus en parler. On en a déjà parlé il y a longtemps. Tu ne te souviens pas?*

M. Ver: Natürlich erinnere ich mich an deinen Abstecher zu Goethe. Damals warst du ja noch originell.
Aber ich erinnere mich auch an dein *„je ne suis rien"* und daran, dass ich bei einigen Dingen meine Schüler auf einen späteren Zeitpunkt vertröstete. Nun, der ist jetzt gekommen.

**TIPP** Um in diesem Kapitel voll einsteigen zu können, solltest du das in „Durchstarten für das 1. Lernjahr" ab Seite 129 rasch durchlesen.
Denn ich beginne gleich mit einem Karteikartenvorschlag:

**K**

| ***NEGATION* (1)** | |
|---|---|
| ***ne . . . pas*** | nicht; kein |
| ***ne . . . plus*** | nicht mehr |
| ***ne . . . guère*** | kaum |
| ***ne . . . jamais*** | nie, niemals |

Hier fandest du nur eine Neuigkeit:
***ne . . . guère***, das aber überhaupt keine Probleme bereiten wird, weil es genau wie *ne . . . pas* angewandt wird:

| | | | | | |
|---|---|---|---|---|---|
| *Finver* | *n'* | *a* | *pas* | *dormi.* | Finver hat nicht geschlafen. |
| *Finver* | *n'* | *a* | *guère* | *dormi.* | Finver hat kaum geschlafen. |

Nun geht es einmal um die verschiedenen Stellungen . . .

Finver: ?

M. Ver: Finver, ich weiß, was du denkst. Vergiss es!

Es geht darum, dass die Teile der einzelnen Verneinungsarten unterschiedliche Plätze im Satz bekommen können.

Sieh dir einmal die Beispiele an und versuche selbst, eine Regel daraus abzuleiten:

| | | | | | | | | |
|---|---|---|---|---|---|---|---|---|
| *Il* | *ne* | *boit* | *pas.* | *Il* | *n'* | *a* | *pas* | *bu.* |
| *Il* | *ne* | *boit* | *plus.* | *Il* | *n'* | *a* | *plus* | *bu.* |
| *Il* | *ne* | *boit* | *guère.* | *Il* | *n'* | *a* | *guère* | *bu.* |
| *Il* | *ne* | *boit* | *jamais.* | *Il* | *n'* | *a* | *jamais* | *bu.* |

| | | | | | |
|---|---|---|---|---|---|
| *Il* | *ne* | *les* | *a* | *pas* | *pris.* |
| *Il* | *ne* | *me l'* | *a* | *plus* | *donné.* |
| *Il* | *n'* | *en* | *a* | *guère* | *mangé.* |
| *Il* | *ne* | *le lui* | *a* | *jamais* | *dit.* |

| | | |
|---|---|---|
| *Il préfère* | *ne pas* | *boire d'alcool.* |
| | *ne plus* | *boire d'alcool.* |
| | *ne jamais* | *boire d'alcool* |

Toi: Zuerst unterscheide ich einmal, ob es sich um einen „normalen" Satz oder eine Infinitivkonstruktion handelt.

Im ersten Fall steht *ne* vor dem Verb bzw. vor der Personalform, der zweite Teil der Verneinung steht unmittelbar danach. *Ne . . . pas* (*plus, guère* etc.) rahmen die Personalform also ein.

Und der Satz:

| | | | | | |
|---|---|---|---|---|---|
| *Il* | *ne* | *les* | *a* | *pas* | *pris.* |

zeigt, dass Objektvertreter, die ja auch vor der Personalform stehen, mit eingerahmt werden, d. h. das *ne* kommt vor eventuelle Objektvertreter.

Bei Infinitivkonstruktionen, bei denen der Infinitiv verneint werden soll, nicht die Personalform, stehen beide Teile der Verneinung vor dem Infinitiv:

*Je préfère* ***ne pas aller*** *à l'école aujourd'hui.*

M. Ver: Super! Du scheinst dich auszukennen.

Aber im Moment gibt es, glaube ich, etwas zu klären. Der Begriff „Infinitivkonstruktionen“ hat mittlerweile zwei Bedeutungen:

- Zum ersten sind die Konstruktionen gemeint, die aus **Modalverb + Infinitiv** bestehen. Hier kann man nur das Modalverb verneinen: *Je **ne veux pas** les prendre.*

- Zum anderen diejenigen, die aus **„Vollverb“ + Infinitiv** bestehen. Bei diesen kann man den Infinitiv verneinen.

Sieh her:

| | |
|---|---|
| *Finver avoue être impoli.* | Finver gibt zu, unhöflich zu sein. |
| *Finver n'avoue pas être impoli.* | Finver gibt nicht zu, unhöflich zu sein. |
| *Finver avoue **ne pas** être poli.* | Finver gibt zu, nicht höflich zu sein. |

Ist dir der Unterschied klar? Ich zeig dir noch ein Beispiel:

*Finver jure avoir fait ce tableau.*
Finver beteuert, das Bild gemacht zu haben.

*Finver **ne** jure **pas** avoir fait ce tableau.*
Finver beteuert nicht, das Bild gemacht zu haben.

*Finver jure **ne pas** avoir fait ce tableau.*
Finver beteuert, das Bild nicht gemacht zu haben.

**TIPP** Genaues zum Thema Infinitivkonstruktionen findest du in diesem Buch ab Seite 45.

**!** Sollte es bei diesen Infinitivkonstruktionen auch Objektvertreter geben, kommen diese erst nach den Teilen der Verneinung:

<table>
<tr><td colspan="5">Er zieht es vor, diese Äpfel zu nehmen.</td></tr>
<tr><td>Il préfère</td><td colspan="2"></td><td>prendre</td><td>ces pommes.</td></tr>
<tr><td>Il préfère</td><td>ne pas</td><td>les</td><td>prendre.</td><td></td></tr>
<tr><td colspan="5">Er zieht es vor, sie nicht zu nehmen.</td></tr>
</table>

Bevor wir nun zu einer Übung bzw. zu den anderen Wörtern der Verneinung kommen, eine Besonderheit:

***Jamais*** *je* ***ne*** *te quitterai!* Niemals werde ich dich verlassen.

*Jamais* ist das einzige der bisher besprochenen Wörter, das auch am Satzanfang stehen darf! (Es wird dadurch betont!)

! In der Umgangssprache wird das *ne* übrigens oft weggelassen. Da wir hier aber nicht reden, sondern nur schreiben, darf es bei all unseren Sätzen dort bleiben, wohin es gehört!

Nun eine einfache Übung, bei der du nur die richtigen Plätze der Verneinungsteile finden musst:

74 à toi

Verneine die folgenden Sätze.

1. Je suis d'ici. (ne pas): Je ne suis pas d'ici.
2. Finver a mis ses pieds dans le plat. (ne jamais)
3. Il va vous raconter cette histoire. (ne pas)
4. Pierre pense réussir son examen. (ne plus)
5. Jean veut voir l'exposition sur Auguste Rodin. (ne plus)
6. Cathi a entendu des remarques désagréables. (ne guère)
7. Les couteaux? Je les ai mis dans ce tiroir. (ne jamais)
8. Cette clé va ouvrir la porte de la cave. (ne pas)
9. Séverine aimerait être professeur. (ne jamais)
10. Le livre? Sophie préfère le lire. (ne pas)

*Rappel:* Verneinungen gelten als Mengenangaben und verlangen daher *de*!
*Il* ***ne*** *prend* ***pas de*** *pommes.*
*Il prétend* ***ne pas*** *connaître* ***de*** *Parisiennes.*

Aber: Wenn *être* verneint wird, bleibt der Artikel bestehen: *Ce ne sont pas* ***des*** *pommes.*

**TIPP** Genaues dazu steht in „Durchstarten für das 1. Lernjahr“ ab Seite 134!

75 Übersetze:

1. Ich habe keine Zigaretten gekauft.
2. Ich entschied, den Winter nicht in Paris zu verbringen.
3. Ich esse nie Orangen.
4. Er gibt vor, meine Frau nicht zu kennen.
5. Sie wollte uns nicht mehr sehen.
6. Finver behauptet, mich nie zu stören.
7. Er wird keine Fehler mehr machen.
8. Das sind keine Freunde!
9. Macht keinen Lärm!
10. Ich werde diese Frau nie wiedersehen.

**TIPP** In „Durchstarten für das 1. Lernjahr" findest du Übungen ab Seite 129.

Wir hier sind nun nach einer Pause zu Höherem bestimmt!

## DIE VERNEINUNG MIT *NE . . . RIEN, PERSONNE, AUCUN(E)*

### *RIEN* (NICHTS)

Ist *rien* **Subjekt** eines Satzes, so steht es am Beginn. *Ne* folgt ihm:

| | |
|---|---|
| ***Rien ne*** *va plus.* | Nichts geht mehr. |
| ***Rien ne*** *l'intéresse.* | Nichts interessiert ihn (sie). |

Ist *rien* **direktes Objekt** eines Satzes, so steht *ne* vor der Personalform, *rien* unmittelbar danach.

| | |
|---|---|
| *Finver* ***ne*** *fait* ***rien****.* | Finver macht nichts. |
| *Finver* ***n'****a* ***rien*** *fait.* | Finver hat nichts gemacht. |
| *Finver* ***ne*** *veut* ***rien*** *faire.* | Finver will nichts machen. |

Ist *rien* **indirektes Objekt**, also in Verbindung mit *de* oder *à* in den Satz gehängt, steht *ne* zwar dort, wo man es gewohnt ist, aber *rien* hat seinen Platz **hinter dem Verb bzw. dem Partizip**.

| |
|---|
| *Finver* ***ne*** *pense* ***à rien****.*<br>*Finver* ***n'****a pensé* ***à rien****.* |
| *Finver* ***ne*** *s'occupe* ***de rien****.*<br>*Finver* ***ne*** *s'est occupé* ***de rien****.* |

| | |
|---|---|
| Er erzählt **nichts Neues**. | *Il ne raconte* ***rien de*** *nouveau.* |
| Er will **nichts anderes**. | *Il ne veut* ***rien d'****autre.* |

Positiv heißen die Sätze:

| | |
|---|---|
| Er erzählt **etwas Neues**. | *Il raconte quelque chose de nouveau.* |

(*quelque chose* gilt in dem Fall als männlich!)

| | |
|---|---|
| Er will **etwas anderes**. | *Il veut quelque chose d'autre.* |

**!** Es gibt Fälle, in denen *rien* eine „positive Übersetzung" hat, nämlich dann, wenn der Satz schon eine Verneinung enthält. Näheres dazu findest du in diesem Buch ab Seite 128.

Nun kommt noch die Möglichkeit, eine Infinitivkonstruktion zu verwenden:

*Finver est malade.*

| | | | |
|---|---|---|---|
| *Il préfère* | ***ne rien*** | *manger.* | |
| *Il préfère* | ***ne*** | *parler* | ***de rien****.* |
| *Il préfère* | ***ne*** | *penser* | ***à rien****.* |

**!** Auch hier gelten die schon oben genannten Regeln:
**Ist *ne . . . rien* direktes Objekt, steht es vor dem Infinitiv.**
**Ist es indirektes Objekt, steht *rien* nach dem Infinitiv.**

76 à toi

Beantworte die Sätze mit der jeweils passenden Verneinung.

1. Tu as appris quelque chose? Non, je n'ai rien appris.
2. Quelque chose a dérangé ton amie? Non, . . .
3. Vous prenez encore du fromage? Non, . . .
4. Est-ce que tu connais quelque chose de plus moche? Non, . . .
5. Finver a toujours dit la vérité? Non, . . .
6. Paul s'est moqué de quelque chose? Non, . . .
7. Tu entends quelque chose dans le jardin? Non, . . .
8. Isabelle croit à tout ce qu'on lui raconte? Non, . . .
9. Tu préfères parler de quelque chose? Non, . . .
10. Tout pourrait changer cette maison délabrée? Non, . . .

Den Vorschlag für die Karteikarte findest du am Ende des Kapitels, wenn alle Verneinungsarten besprochen sind.

PAUSE

## PERSONNE

Ist *personne* **Subjekt** eines Satzes, so steht es ebenfalls am Beginn, *ne* folgt ihm:

| | | |
|---|---|---|
| ***Personne*** | ***ne*** | *me trouvera ici.* |
| ***Personne*** | ***ne*** | *sait où je suis.* |

Ist *personne* Objekt **(direktes oder indirektes!)** eines Satzes, steht *ne* wiederum vor der Personalform, *personne* hinter dem Verb bzw. dem Partizip:

| | | | | |
|---|---|---|---|---|
| *Je* | ***ne*** | *vois* | ***personne*** | *ici.* |
| *Je* | ***n'*** | *ai rencontré* | ***personne*** | *sur mon chemin.* |
| *Je* | ***n'*** | *ai dit* | ***à personne*** | *où j'allais.* |
| *Je* | ***ne*** | *m'occuperai* | ***de personne*** | *aujourd'hui.* |

Ist *personne* Objekt einer Infinitivkonstruktion, steht es in jedem Fall hinter dem Infinitiv:

*Je* ***ne*** *veux voir* ***personne****.*
*Je préfère* ***ne*** *voir* ***personne****.*

Ich kenne **niemand Netteren** (jemand Netteren) als mich:
*Je **ne** connais **personne de** (quelqu'un de) **plus gentil** que moi.*

Ich werde **niemand anderen** (jemand anderen) fragen.
*Je **ne** demanderai **à personne d'autre** (à quelqu'un d'autre).*

Alles verstanden? Beweise es!

**77** **à toi**

Beantworte die Fragen:

1. Tu as vu quelqu'un? Non, je n'ai vu personne.
2. Tu veux voir quelqu'un? Non, . . .
3. Vous allez téléphoner à quelqu'un? Non, nous . . .
4. Il regrette d'avoir invité quelqu'un? Non, . . .
5. Faut-il rendre visite à Mémé? Non, . . .
6. Y aura-t-il des gens chez toi? Non, . . .
7. Vous avez rencontré quelqu'un au café? Non, nous . . .
8. Tu connais quelqu'un de très beau? Non, . . .
9. Paul demandera à quelqu'un pour trouver son chemin? Non, . . .
10. Trixie attend quelqu'un ce soir? Non, . . .

*Rappel:* Weißt du noch, woher das *-t-* im Satz 6 kommt? Es wird bei Inversionsfragen aus Aussprachegründen gebraucht! Näheres dazu in „Durchstarten für das 2. Lernjahr, Teil A", Seite 11.

**78** **à toi**

Verneine die Sätze. (Alle bisher besprochenen Arten sind möglich!)

1. Il boit encore de l'alcool. Il ne boit plus d'alcool.
2. Il y a encore quelqu'un chez moi.
3. Chacun est parfait.
4. Elle préfère toujours travailler seule.
5. Henri croit en tout et fait confiance à tout le monde.
6. Tout le fait sourire.
7. Nora va toujours droit au but.
8. Finver admet avoir cassé le vase en cristal.
9. Elle a encore de la farine pour faire ce gâteau.
10. Véro doit s'occuper de tout au bureau.

79

Übersetze:

1. Finver hat geschworen, nie zu heiraten.
2. Ich hoffe, dass ich ihn nicht mehr sehe.
3. Er konnte nichts anderes tun.
4. Niemand wird sie fragen, ob es ihr recht ist.
5. Sie will niemand anderen einladen.
6. Wir kümmerten uns um nichts.
7. Er gibt vor, sich an nichts zu erinnern. *(se souvenir de)*
8. Mein Vater trank nie Kaffee.
9. Ich bedauere, ihm nicht mehr helfen zu können.
10. Ich habe mich über niemanden lustig gemacht!

P

Wenn du bei den letzten Übungen keine (oder kaum) Schwierigkeiten hattest, können wir uns nun dem nächsten Wort widmen:

## *AUCUN(E)*

Besonders an diesem Wort ist, dass es veränderlich ist, d. h. mit dem Nomen, auf das es sich bezieht, im Geschlecht übereingestimmt wird (jedoch gewöhnlich nur im Singular vorkommt!):
*aucun tableau, aucune raison*

Außerdem kann es als Pronomen (ohne nachfolgendes Nomen) und als *adjectif* (Begleiter eines Nomen) verwendet werden, wobei letztere Anwendungsmöglichkeit die häufigere ist.

Ist es **Subjekt**, steht es wie *personne* und *rien* **am Beginn des Satzes**, *ne* kommt hinterher.

*J'ai demandé cela à tous mes élèves, mais* ***aucun ne*** *le sait.*
***Aucun tableau*** *de Finver* ***ne*** *me plaît.*

Ist es **direktes oder indirektes Objekt** des Satzes, steht es wie *personne* immer **hinter dem Verb bzw. dem Partizip** (bzw. hinter dem Infinitiv, wenn es sich um eine Infinitivkonstruktion handelt). In diesem Fall steht es nie allein, sondern wird von einer Ergänzung begleitet:

*Finver fait beaucoup de tableaux, mais je* ***n'en*** *aime* ***aucun****.*
*Je* ***n'****aime* ***aucun de ses tableaux****.*
*Il* ***n'****a fait* ***aucun tableau*** *intéressant.*
*Je préfère* ***n'****acheter* ***aucun de ses tableaux****.*

Finver: Abgesehen davon, dass ich sehr gekränkt bin über deine Gemeinheiten, ist erwähnenswert, was denn *aucun* in diesen Fällen bedeutet und warum du nicht einfach ***pas de*** verwendest!

M. Ver: Oh, du hörst zu. Das tut mir leid. Ich . . . ich suche ja nur Beispielsätze, ich meine das nicht ernst, Finver. Es stimmt nicht, dass kein einziges Bild interessant ist und mir kein einziges gefällt.

*Aucun(e)* hat nämlich vor allem die Bedeutung von **kein(e) einzige(r)**.

*Mes élèves* ***n'****ont compris* ***aucun mot*** *de ce que j'ai dit, parce que j'ai parlé chinois.*

(Meine Schüler verstanden kein einziges Wort von dem, was ich sagte, weil ich Chinesisch sprach.)

Hier könnte ich auch: ***. . . pas un seul mot . . .*** sagen!

Jetzt bist du an der Reihe zu zeigen, ob ich für dich auch Chinesisch rede oder ob du mich verstanden hast!

80

Verneine die Fragen, indem du *aucun(e)* verwendest.

1. Tu as fait beaucoup de photos?
   Non, je n'ai fait aucune photo. (Je n'en ai fait aucune.)

à toi

2. Il va ranger tous ces livres? Non, il . . .
3. Il y avait du bruit la nuit? Non, il . . .
4. Vous avez reçu de l'aide de la part de vos parents? Non, nous . . .
5. Vous avez trouvé un modèle qui vous convienne? Non, je . . .
6. Mémé vous a envoyé des cartes postales de son tour du monde? Non, elle . . .
7. Nora et Séverine: un de ces noms vous rappelle quelque chose? Non, . . .
8. En automne, les enfants ont beaucoup de temps libre? Non, . . .
9. A-t-il pris tous les vêtements nécessaires pour notre excursion? Non, . . .

**81** Nun gibt es wieder bunt Gemischtes!

1. Tu fais encore des voyages avec tes amis, grand-père? Non, je . . .
2. Grand-mère a-t-elle prévu quelque chose pour cet été? Non, elle . . .
3. Vous sortez souvent, vous deux? Non, nous . . .
4. Ton père avait-il beaucoup de voitures? Non, pas du tout, il . . .
5. Séverine veut tout faire elle-même? Non, elle . . .
6. Finver pense avoir réalisé un bon tableau? Non, il . . .
7. Est-ce que vous avez pensé à tout? Non, nous . . .
8. Nathalie préfère tout demander à son père? Non, elle . . .
9. Nora a dit à quelqu'un qu'elle était amoureuse? Non, elle . . .
10. Isabelle s'occupe des personnes agées? Non, elle . . . (2 Antworten)
11. Henri a-t-il appris toutes les formules chimiques? Non, il . . .
12. Il y avait du monde dans le magasin? Non, il . . .

**K**

## *NEGATION* (2)

*Rien, personne* und *aucun(e)* stehen am Satzanfang, wenn sie als **Subjekt** verwendet werden:

***Rien ne** m'intéresse. **Personne ne** me comprend.*
*Parmi mes élèves, **aucun ne** le sait. **Aucun tableau ne** me plaît.*

☆ ***Rien*** als **direktes Objekt**:
***ne . . . rien*** rahmen die Personalform des Satzes ein. Bei Infinitivkonstruktionen steht *rien* gemeinsam mit *ne* vor dem Infinitiv:

*Finver **ne** boit **rien**. Il **n'**a **rien** bu. Il préfère **ne rien** boire.*

☆ ***Rien*** als **indirektes Objekt**:
*rien* steht hinter dem Verb bzw. dem Partizip bzw. dem Infinitiv:

*Finver **ne** pense **à rien**. Il **n'**a pensé **à rien**.*
*Il préfère **ne** penser **à rien**.*

☆ ***Personne* und *aucun(e)*** als **direktes oder indirektes Objekt**:
hinter dem Verb, hinter dem Partizip, hinter dem Infinitiv:

*Finver **n'**aime **personne**. Finver **n'**a rencontré **personne**.*
*Finver **n'**a parlé **à personne**. Finver **ne** s'est occupé **de personne**.*

*Finver **n'**aime **aucun** de ces vers. Il **n'**a rencontré **aucun** ver gentil.*
*Finver **n'**a parlé à **aucun** ver. Il **ne** s'est occupé d'**aucun** ver.*

Finver: Weißt du, dass es Energien kostet, wenn du dich viel mit dem Negativen beschäftigst, wenn du nur deine Probleme im Kopf hast? Denk nur mehr an das, was du dir wünscht und wovon du träumst und fühl dich so, als wäre es schon Wirklichkeit . . . Es geht in Erfüllung! Alles, was du dir vorstellen kannst, kann und wird es geben für dich!
Wenn du jedoch nicht daran glaubst, dass aus dir z. B. ein toller Schüler wird, dann verbaust du dir selbst deine Chancen!

M. Ver: Finver hat zwar Recht, aber ich muss mich trotzdem noch ein bisschen mit der Negation beschäftigen. Es wird jedoch schon positiver!

## POSITIVE VERWENDUNG VON *RIEN, PERSONNE, AUCUN(E)* UND *JAMAIS*

Um die negativen Einflüsse schneller hinter uns lassen zu können, beginne mit der Kartei!

K

| *NEGATION* (3) | | | |
|---|---|---|---|
| Enthält ein Satz schon eine Verneinung, verwendet man | | | |
| ***rien*** | für **etwas** | ***aucun*** | für **eine(r)** |
| ***personne*** | für **jemand** | ***jamais*** | für **je(mals)** |

*Finver ne pense jamais rien de mal.* Er denkt nie etwas Schlechtes.
*Finver n'insulte jamais personne.* Er beleidigt nie jemanden.
*Ses tableaux? Il n'en vendra jamais aucun.* Er wird nie eines verkaufen.
*Personne n'a jamais estimé Finver.* Keiner hat Finver je geschätzt.

Auch ***sans* + Infinitiv** und ***sans que*** verlangen diese Formen:

| | |
|---|---|
| ***sans rien** dire:* | ohne etwas zu sagen |
| ***sans** parler **à personne**:* | ohne mit jemandem zu sprechen |
| ***sans que** Finver le sache **jamais**:* | ohne dass Finver es je weiß |

Nach *sans + verbe* steht nur ***de***: *sans faire de bruit*

Finver: Das reicht. Die Feinheiten, die es hier noch zu wissen gäbe, spare ich mir. Ich will schließlich keine Grammatik für Uniprofessoren verfassen.

M. Ver: Okay. Eine Übung noch, dann können wir weitermachen.
Übrigens! Denkst du daran, auch regelmäßig **Pausen** zu machen? Die Entspannung ist genauso wichtig wie die Spannung!
Und es ist besser, du hörst einmal ganz auf zu arbeiten, statt unkonzentriert vor deinen Büchern zu sitzen.
„Gedankenlos" jedoch darfst du manchmal sein, sollst du sogar!
Die Gedankenstille bedeutet nicht nur eine enorme Erholungsphase für deinen Kopf, sondern so mancher hatte in solchen Momenten schon die besten Einfälle!

**82**

Verneine die Sätze nach folgendem Muster und übersetze sie danach.

1. Il voulait parler de quelque chose. (ne jamais)
   Il ne voulait jamais parler de rien. Er wollte nie über etwas reden.

**à toi**

2. Chacun pense toujours à Finver. (ne jamais)
3. Les romans de Benoîte Groult? Trixie a lu tous ses romans. (ne pas encore)
4. Elle est partie. Elle a dit "au revoir" à chaque personne. (sans)
5. Annabelle reçoit la visite de quelqu'un. (ne jamais)
6. Des gâteaux? Anne en offre toujours. (ne jamais)
7. Elle est allée s'installer en Autriche. Elle y connaît quelqu'un. (sans)
8. Pierre a encore vendu tous les livres. (ne plus)
9. Michel était un plaisantin. Tout le monde l'a aimé. (ne jamais)
10. Elle a fait ce travail. Elle t'a demandé quelque chose. (sans)

**83**

Achtung! Eine Übung für fortgeschrittene Französischdenker!
Beantworte die Fragen und ersetze die Objekte durch ihre Vertreter.

1. Vous avez vendu toutes les voitures? (aucun)
   Non, nous en avons vendu aucune.

**à toi**

2. Tu voudrais quelque chose d'autre?
3. Il a affirmé quelque chose d'autre? (ne jamais)
4. Vous vous êtes bien amusés à la fête après mon départ? (ne plus)
5. Ton père a bu à lui tout seul chacune de ces bouteilles? (aucun)
6. Quelqu'un a remarqué quelque chose?
7. Tu peux toujours manger quelque chose le matin? (ne jamais)
8. A-t-elle donné les timbres à son père? (ne plus)
9. Ce sont des vers parisiens?
10. Avez-vous souvent vu quelque chose de si beau? (ne jamais)
11. Prenez-vous souvent le bus pour aller à Paris? (ne jamais)

**P**

# MUDRA ZUM GEHIRN EINSCHALTEN

**Dir fehlt die zündende Idee?**
**Du hast Angst, dass dir bei der Prüfung nichts mehr einfällt?**
**Dir fehlt die Motivation zum Lernen?**

Schalte dein Gehirn wieder ein:
Du legst die Daumenkuppen auf Ring- und Kleinfingernagel.
Halte diese Stellung mit beiden Händen gleichzeitig.
Das Mudra solltest du 6-mal täglich machen. Natürlich auch dann, wenn du dein Gehirn dringendst brauchst; vor einer Prüfung zum Beispiel.

**Dauer der Übung: mindestens 4 Minuten**

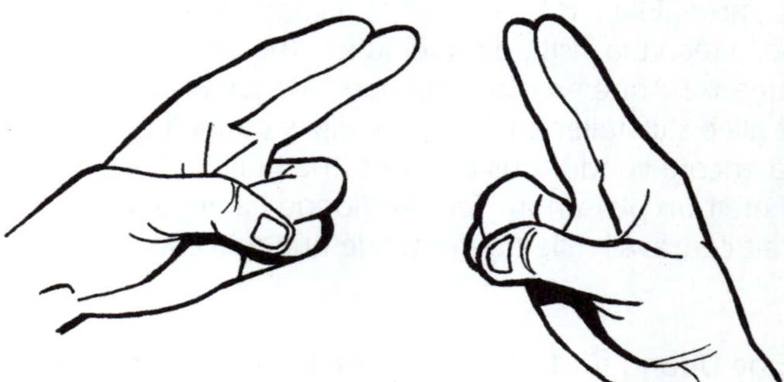

## KOMBINATIONEN

Finver: Ich will nie wieder etwas von der Verneinung hören! Ich verstehe nicht, wieso du immer alles so breittreten musst!

M. Ver: Weil man es braucht. Du hast eben selbst „nie wieder" gesagt. Wie übersetzt du es denn?

Finver: Schau in die Sprechblase, dann weißt du es!

M. Ver: Finver, du nervst. Zur Beruhigung schreibe ich nun die Karteikarte.

K

| ***NEGATION* (4)** | |
|---|---|
| ☆ mit ***plus*** lassen sich folgende Verneinungsarten kombinieren: | |
| ***ne . . . plus jamais (jamais plus)*** | nie mehr, nie wieder |
| ***ne . . . plus rien*** | nichts mehr |
| ***ne . . . plus personne*** | niemand mehr |
| ***ne . . . plus aucun*** | keine(r) mehr |
| ☆ mit ***toujours*** und ***encore*** lassen sich kombinieren: | |
| ***ne . . . pas toujours*** | nicht immer |
| ***ne . . . toujours pas*** | immer noch nicht |
| ***ne . . . toujours rien*** | immer noch nichts |
| ***ne . . . toujours personne*** | immer noch niemand |
| ***ne . . . toujours aucun*** | immer noch keine(n) |
| (*toujours* steht dabei zwischen Verb und Partizip: *Il n'a toujours vu personne.*) | |
| ***ne . . . pas encore*** | noch nicht, noch keinen |
| ***ne . . . encore rien*** | noch nichts |
| ***ne . . . encore personne*** | noch niemand |
| ***ne . . . encore jamais*** | noch nie |

**Toi:** Oh, das sieht nach Lernen aus!

**M. Ver:** Ja, aber es ist ganz leicht, glaub mir. Lies dir jetzt die Kartei nochmals durch und mach anschließend die folgenden Übungssätze. Versuch es, ohne nachzuschauen, aber wenn du merkst, das geht noch nicht, sieh einfach nach jedem Satz nach!
Beim zweiten Übungsblock verwendest du die Kartei erst ganz am Ende.
Einverstanden?

**84**

Übersetze.

1. Er hat noch nie Fleisch gegessen.
2. Er hat nichts mehr gegessen.
3. Ich habe noch nichts gegessen.
4. Wir haben immer noch nicht gegessen.
5. Er hat immer noch kein Fleisch gegessen.
6. Ich komme nicht immer pünktlich in die Schule.
7. Wir haben noch keine Ferien.
8. Er hat immer noch niemanden eingeladen.
9. Wir haben noch immer kein (einziges) Photo von dem Baby.
10. Ich will heute niemanden mehr sehen.
11. Finver wird mir kein einziges Bild mehr anbieten.

Na, wie ist es dir ergangen? Ein bisschen achtgeben muss man schon, aber das Konzentrieren sollst du ohnehin immer wieder trainieren!
Auf zur zweiten Runde!

**85**

Übersetze.

1. Nichts geht mehr!
2. Es war niemand mehr daheim.
3. Ich kenne immer noch keinen Freund Finvers.
4. Er ist noch nicht wiedergekommen.
5. Er hat immer noch nichts verdient.
6. Er hat noch nie rechtzeitig angerufen.
7. Sie haben noch niemanden gefragt.
8. Sie haben immer noch niemanden gefragt.
9. Habt ihr noch keinen Hunger?
10. Ihr macht das nie mehr?
11. Du wirst bald keinen Freund mehr haben.

So, lassen wir es gut sein, allzu viel auf einmal davon ist ungesund, da kann es leicht zum Verwechslungssyndrom und anschließendem Wutanfall kommen. Das will ich ja nicht provozieren!
Deshalb folgt jetzt das nächste zu behandelnde Wort: nur.

Finver: Nur was?

M. Ver: Was heißt nur was? Es geht um nur. Wie man NUR übersetzt! Klar?

## NUR / ERST

Finver: Ach, nur das! Du verwendest entweder ***ne . . . que*** oder ***seulement***.

M. Ver: Bei der Verwendung dieser beiden Möglichkeiten musst du wissen, auf welchen Satzteil sich die Einschränkung bezieht.

! Trage dir nur die fett gedruckten Zeilen unbedingt in deine Karteikarte ein! Beim Rest entscheidest du, was du notierst!

K

### *NEGATION* (5) nur

**nur + Subjekt** — ***il n'y a que . . . qui***
***seul (-e, -s, -es)***

Nur Finver weiß auch, warum er Finver ist.
***Il n'y a que Finver*** *qui sache*** aussi pourquoi il est Finver.*
***Seul Finver*** *sait . . .* (oder: *Finver seul* sait . . .*)
(*bei Eigennamen kann *seul* vor oder nach dem Namen stehen!)

Nur meine Eltern kennen einen Teil der Geschichte.
***Il n'y a que mes parents*** *qui connaissent une partie de l'histoire.*
***Seuls mes parents**** *connaissent . . .*
(* bei Nomen steht *seul* vor diesem!)

Nur ich kenne jedes Detail.
***Il n'y a que moi*** *qui connaisse chaque détail.*
***Moi seul**** *connais chaque détail.*
(*bei einem Personalpronomen steht *seul* hinter diesem!)

(** *subjonctif* deshalb, weil es sich um einen Hauptsatz mit Ausschließlichkeitscharakter handelt!)

**nur (erst) + Ergänzung jeder Art**
***ne . . . que; seulement***

***ne*** **steht dabei vor der Personalform,** ***que*** **vor dem Satzteil, auf den es sich bezieht.**

Papa kennt nur **einen Teil** der Geschichte.
*Papa* ***ne*** *connaît* ***qu'une partie*** *de l'histoire.*
*(Il connaît seulement . . .)*

Papa erzählte ihn **nur meiner Mutter**.
*Papa* ***ne*** *l'a racontée* ***qu'à ma mère****.*
*(Il l'a seulement racontée à . . .)*

Finver ist **erst 15 Jahre** alt.
*Finver* ***n'****a* ***que 15 ans****. (Il a seulement 15 ans.)*

Er spricht **nur selten** von seiner Vergangenheit.
*Il* ***ne*** *parle* ***que rarement*** *de son passé.*
*(Il parle seulement rarement . . .)*

Er fragt mich **nur**, **wenn er deprimiert ist**.
*Il* ***ne*** *me demande* ***que s'il est déprimé****.*
*(Il me demande seulement s'il . . .)*

**!** Bei Sätzen, die mit *que* eingeleitet sind, kann nur *seulement* verwendet werden!

Er sagt nur, dass er eines Tages alles wissen möchte.
*Il dit seulement qu'il veut tout savoir un jour.*

**nur + Verb**
***ne faire que*** **oder** ***seulement***

Was machst du? – Ich denke nur nach.
*Que fais-tu? – Je* ***ne*** *fais* ***que*** *réfléchir.*
*(Je réfléchis seulement.)*

### nur + Infinitiv, Adjektiv, Nomen ohne Artikel
### *seulement*

Man kann es **nur hoffen**!
*On peut **seulement l'espérer**!*

Ich bin **nur unzufrieden**.
*Je suis **seulement mécontent**.*

Was hast du? – Ich habe **nur Hunger**!
*Qu'est-ce que tu as? – J'ai **seulement faim**.*

### nicht nur . . . sondern auch
### *non seulement . . . mais aussi*

Finver ist nicht nur faul, sondern auch unverschämt.
*Finver est non seulement paresseux, mais aussi impertinent.*

Finver: Jetzt reicht es mir! Ich kündige! Such dir einen anderen Helfer und Freund. Ich verlasse dich! Ich habe genug von deinen Beispielsätzen! Und du, lieber Schüler, kannst jetzt auch abhauen. Der Wurm hat es nicht verdient, dass man ihm noch weiter zuhört!

M. Ver: Aber, ich . . . ich habe nur gescherzt!
*Je n'ai fait que rigoler! Reste!*

Finver: *J'en ai assez. Je te quitte!*

**86** Übersetze und verwende dabei wenn möglich nur *ne que*!

1. Wir haben nur Bier daheim.
2. Gestern habe ich nur zwei Stunden geschlafen.
3. Nur mein Freund kam zu meiner Feier.
4. Habt ihr erst zwei Kapitel gelesen?
5. Meine Eltern sind nicht nur verständnisvoll, sondern auch sehr großzügig.
6. Nein, Finver ist nicht krank, er ist nur müde.
7. Ich werde ihn nur zweimal fragen.
8. Ihr besucht mich nur, wenn ihr Geld braucht!
9. Seine Freundin ist erst 16 Jahre alt.
10. Ich will nur einen Tag mit ihnen verbringen!

87

Ändere die Sätze nach folgendem Muster.

1. J'ai bu trois cognacs.
   Je n'ai bu que trois cognacs. J'ai bu seulement ...

à toi

2. Mon père a le permis de conduire, ma mère ne l'a pas.
3. Il est fatigué. Il veut dormir.
4. Je te montre mes disques si tu m'accompagnes.
5. Mes élèves sont polis et aussi intelligents.
6. Je vais offrir un voyage en Irlande à mes élèves.
7. Nous allons terminer trois quarts de ce livre en août.
8. Dans cette région, on trouve peu de touristes.
9. Il connaît la réponse.
10. Sa mère accepte que nous regardions le film chez eux.

M. Ver: *Finver? Où es-tu? J'ai fini le chapitre, tu peux revenir! Finver!?*
*Il **n**'est **ni** dans sa chambre **ni** dans le jardin. Il a fait ses bagages pendant que j'écrivais l'exercice. Et tout ça parce que je ne faisais que plaisanter un peu.*

*Je dois aller le chercher. Pendant que je le cherche, tu te reposes et tu attends mon retour sans bouger. Je reviens vite.*

*. . .*

*Je **ne** l'ai trouvé **ni** chez ma mère **ni** à Cannes.*
*Il n'est apparu nulle part. J'ai peur de ne plus le trouver.*
*Pourvu que rien ne lui arrive.*
*Je te donnerai vite les dernières explications et les exercices du chef et puis, je recommencerai à le chercher.*

P

## WEDER – NOCH

Du konntest das „weder – noch" schon vorher finden:

*Je **ne** l'ai trouvé **ni** chez des amis **ni** à Cannes.*
Ich habe ihn weder bei Freunden noch in Cannes gefunden.

Wenn du mehrere Ergänzungen (auch Subjekte, Adjektive oder Infinitive!) verneinen willst, steht *ni* vor jeder dieser Ergänzungen, *ne* hat seinen gewohnten Platz:

*Finver **n**'est **ni** sûr de lui-même **ni** sage.*
***Ni** mes parents **ni** mes amis **ne** l'ont vu.*
*Je **ne** l'ai **ni** insulté **ni** mis à la porte!*

**!** Nach *ni* steht normalerweise kein unbestimmter Artikel oder Teilungsartikel!

*Il **n'**a **ni argent ni chèques**.*
*Il **ne** trouvera **ni travail ni logement**.*

Werden Verben verneint, muss *ne* bei jedem Verb stehen!

*Il **ne** boit **ni ne** fume.*
*Il **ne** veut **ni ne** peut me comprendre.*

Alles klar? Ich hoffe, denn es muss genügen.

**K**

| ***NEGATION* (6) *ne . . . ni . . . ni* (weder – noch)** |
|---|
| ✰ *ne* steht vor dem Verb (der Personalform), *ni* vor jedem Wort, auf das es sich bezieht.<br>*Je ne suis ni heureux ni malheureux.*<br>*Je ne sais ni jouer du piano ni du violon.* |
| ✰ Kein unbestimmter oder Teilungsartikel:<br>*Je n'ai ni femme ni enfants.* |
| ✰ Bei Verben Wiederholung von *ne*:<br>*Je ne sais ni ne dois parler japonais.* |

**88** Ändere die Sätze nach folgendem Muster:

1. Finver est poli et patient.
   Finver n'est ni poli ni patient.

**à toi**

2. J'ai vu Lucie et Finver devant le cinéma.
3. Il y a quelques jours, Finver a écrit des poèmes d'amour et a chanté sous la fenêtre de son amour.
4. Un policier l'a arrêté et mis en prison pour une nuit.
5. Il a dû payer une amende et jurer d'être enfin raisonnable.
6. Mon père et moi, nous sommes allés le chercher à la prison.
7. Le lendemain, Finver a revu sa belle et l'a embrassée langoureusement.
8. Il lui envoie tous les jours des fleurs et des chocolats.
9. Quand il est amoureux, il est très généreux et gentil.
10. Lucie le prend pour un fou et un rigolo.

## *EXERCICE DU CHEF 1*

Übersetze:

1. Er will mich nicht mehr sehen.
2. Finver wird nichts essen, wenn ich ihm nichts vorbereite.
3. Niemand wird ihm Getränke und Eis kaufen.
4. Er wird mit niemandem über seine Probleme sprechen können.
5. Ich ziehe es vor, meinen Eltern nichts zu erzählen.
6. Nur Mimi könnte noch wissen, wo er sich versteckt.
7. Ich habe doch nur Witze gemacht.
8. Aber er hat nie einen Witz verstanden. *(aucune)*
9. Er hat weder angerufen noch geschrieben
10. Er hat mich immer noch nicht angerufen.
11. Und wenn ich ihn nie wieder sehe?
12. Ich verstehe nicht, wieso er weggegangen ist, ohne etwas zu sagen.
13. Er hat nie etwas Böses getan!
14. Meine Eltern werden keinen Tag mehr glücklich sein, wenn er nicht zu ihnen und zu mir zurückkommt.
15. Ich kenne niemand Netteren als ihn!
16. Ich werde mich um niemand anderen mehr kümmen.
17. Es kann sein, dass er weder seine Freunde noch Mimi wiedersehen will.

**AUSWERTUNG:**
Auch hier ist eine Auswertung nach Punkten nicht sinnvoll, weil die Fehlerquellen zu vielfältig sind.
Ich schlage daher vor, du siehst dir einmal in jedem Satz genau an, was du richtig hast, und ich nehme an, das werden zum Teil schon sehr komplizierte Dinge sein! Dazu gratuliere ich, und auch du solltest dich loben!
Anschließend machst du die Sätze, in denen es Probleme gab, nochmals und schreibst dir danach eine Tabelle, in die du alle Fehler einträgst. Dann entscheidest du selbst, was noch zu tun ist!

Diese Tabelle könnte so aussehen:

| Vokabel (Artikel) | Verbformen | Pronomen | Negation | andere Fehler |
|---|---|---|---|---|
| Getränke | wird essen | | nur Mimi | etwas Böses |
| Witze | er hat ange-rufen | | immer noch nicht | |
| verstecken | | | | |

## *EXERCICE DU CHEF 2*

Verneine die folgenden Sätze:

1. Je me suis toujours bien entendu avec Finver.
2. Il a toujours compris tout le monde.
3. Il remplira encore la maison avec ses rires.
4. Finver allait très souvent au théatre.
5. Ce ver malin connaît toutes les pièces de Molière.
6. Depuis l'école il a encore beaucoup appris. (nie mehr etwas)
7. Finver est un gros consommateur de livres.
8. Il en a acheté beaucoup. (kein einziges)
9. Il a un ami qui travaille à la Comédie Française.
10. Finver qui aime le luxe se rend souvent à l'Opéra en taxi.
11. Finver est naïf et crédule.
12. Il croit encore au père Noël.
13. Il a de nombreux amis et de bonnes copines. (keinen einzigen)
14. On fêtera avec eux son retour.
15. Il ira souvent au cinéma avec moi. (nie mehr)
16. Nous avons déjà vu le dernier film avec Gérard Depardieu.
17. Moi aussi, j'adore Isabelle Adjani et Alain Delon.
18. Finver a souvent besoin d'aller au musée.
19. Il s'intéresse à tout.
20. Tout lui plaît et il plaît à chacun.
21. Il fait tout pour tous ses amis.

**AUSWERTUNG:**
Für jeden (ganz) richtigen Satz darfst du dir einen Punkt geben.
Du kannst also 21 Punkte erreichen.

21–18 Punkte: Da es eine schwierige Übung ist, ist dieses Ergebnis ganz in Ordnung.
17–14 Punkte: Die Sätze sollten ganz richtig sein. Vielleicht waren einfach Kleinigkeiten falsch?
13– 9 Punkte: Hmmm. Da scheint es doch noch einige Probleme gegeben zu haben, die auf eine Lösung warten. Beschäftige dich bald mit ihnen!
8–. . . Punkte: Bist du nicht ausgeschlafen oder schon zu müde? Bist du krank oder gar unglücklich? Oder hast du die Übung vor dem Kapitel gemacht? Dieses Ergebnis finde ich nicht okay!

# BECKENACHTEN UND ARMKREISEN

**Du fühlst dich schlaff?**

„Male“ mit deinem Becken eine Acht, damit dein Körper Energie zum schöpferischen Träumen bekommt:
Du stehst mit leicht gebeugten Knien, die Füße sind hüftbreit auseinander. Du streckst die Arme nach hinten und verschränkst die Daumen ineinander. Nun machst du mit den Hüften eine Vor- und Rückwärtsbewegung, sodass daraus eine Acht entsteht. Der Oberkörper bleibt dabei aufrecht, die Atmung ist fließend.
Achte darauf, dass die Ellbogen möglichst gestreckt bleiben.

**Dauer der Übung: 30-mal**

**Eine letzte Übung zur Aktivierung deiner Energie:**

Du stehst hüftbreit, die Knie locker. Du kreist nun mit beiden Armen gleichzeitig von vorne nach oben, über den Kopf nach hinten.
Achte darauf, dass die Ellbogen gestreckt bleiben.

**Dauer der Übung: 50-mal**

**WENN DU IN DEN KLEINIGKEITEN GENAU UND GEWISSENHAFT BIST, ERLEDIGEN SICH DIE GROSSEN DINGE BEINAHE VON SELBST.**

# V. EINE KLEINIGKEIT!

## PLUS

Finver: *Je croyais que tu* ***ne*** *voulais* ***plus*** *parler de la négation!*
***Plus*** *tu en parles,* ***plus*** *ça me déprime!*
*Tu en as écrit déjà* ***plus*** *de 20 pages, c'est* ***plus que*** *prévu!*
*Tes élèves en sauront bientôt* ***plus que*** *toi!*

M. Ver: *Finver! Tu es revenu! Laisse-moi t'embrasser!*
*Je suis l'homme* ***le plus heureux*** *du monde!*
*Mais où est-ce que tu étais? Ça fait* ***plus de trois jours*** *que je t'attends!*
*Promets-moi de* ***ne plus*** *me quitter sans me dire où tu vas. Je ne te demande rien de* ***plus****!*

Er ist zurück! Welch Glück! Während ich mich mit ihm unterhalte, übersetzt du unseren Wiedersehenstext und machst dir Gedanken über die verschiedenen Verwendungen von *plus*!

M. Ver: *Bon, on commence. Finver m'aidera de nouveau. Et je* ***ne*** *vais* ***plus jamais*** *l'insulter.*

Konntest du mit den verschiedenen *plus* etwas anfangen?
Ich werde sie ordnen, wobei ich zuerst die für dich bekannten Verwendungsmöglichkeiten bespreche:

**_NE . . . PLUS_: nicht mehr**

| | |
|---|---|
| *Finver n'est plus vexé.* *Je ne vais plus jamais l'insulter.* *Je ne ferai plus aucune blague à son sujet.* | Finver ist nicht mehr beleidigt. Ich werde ihn nie mehr beleidigen. Ich werde keinen Witz mehr über ihn machen. |

Diese Art der Verwendung und all ihre Kombinationsmöglichkeiten sind klar, sie wurden im vorigen Kapitel ja ausführlich behandelt.

## ***NE . . . PLUS DE*: keine(n) mehr**

*Je **ne** chercherai **plus d'**exemples qui parlent de Finver.*
Ich werde keine Beispiele mehr suchen, die von Finver handeln.

In diesem Fall ist *ne . . . plus* eine Mengenangabe, nach der *d(e)* steht.

*Je **n'ai plus d'**élèves en août, je suis en vacances.*

Aber:

*Cette année, mes élèves **n'**étaient **plus des** enfants, mais des jeunes gens qui savaient exactement ce qu'ils voulaient.*

Auch diese Verwendungsart müsste klar sein: Hier ist *être* verneint, weshalb der volle Artikel bestehen bleibt.

## ***NON PLUS*: auch nicht**

*Non plus* ist so etwas wie eine Verneinung von *aussi* (auch).

*Moi, je ne travaille pas en août. Finver (ne travaille pas) non plus.*
Ich arbeite nicht im August. Finver (arbeitet) auch nicht.

Die Stellung von *non plus* ist übrigens dieselbe wie die von *aussi*.

| | |
|---|---|
| *Moi aussi, je resterai à Paris.* | *Moi **non plus**, je ne resterai pas à Paris.* |
| *Je resterai à Paris aussi.* | *Je ne resterai pas à Paris **non plus**.* |
| *Je resterai aussi à Paris.* | *Je ne resterai pas **non plus** à Paris.* |
| *Tu as aussi appris quelque chose?* | *Tu n'as **non plus** rien appris?* |

## ***PLUS + ADJECTIF / ADVERBE* = Komparativ**

Nun geht es endlich weg von der Verneinung, und wir bleiben sogar bei Bekanntem:

| |
|---|
| *Nice est une grande ville,*<br>*mais Paris est* ***plus grand****.*<br>(größer) |
| *Pépé roule vite,*<br>*mais Mémé roule encore* ***plus vite****.*<br>(schneller) |

**TIPP** Alles Wesentliche über den Komparativ findest du in „Durchstarten für das 2. Lernjahr, Teil A" ab Seite 69.

Will ich hier **Vergleiche** anstellen, verwende ich ***plus . . . que*** (als)

| |
|---|
| *Paris est* ***plus grand que*** *Nice.* (größer als) |
| *Mémé roule* ***plus vite que*** *Pépé.* (schneller als) |

## ***LE (LA, LES) PLUS + ADJECTIF / ADVERBE* = Superlativ**

Wird der Superlativ eines Adjektivs gebraucht, so setzt man vor *plus* den jeweils passenden bestimmten Artikel.

> *Paris est* ***la plus grande ville*** *française.* (die größte Stadt).
> *Tante Adélaide a écrit le livre* ***le plus intéressant****.* (das interessanteste Buch)
> *Trixie a les enfants* ***les plus sages*** *du monde.* (die bravsten Kinder)

Bilde ich den Superlativ eines **Adverbs**, verwende ich immer ***le plus***:

> *Mémé roule* ***le plus vite****.* (am schnellsten)
> *Mes parents dorment* ***le plus longtemps****.* (am längsten)

*Rappel:* Es gibt auch unregelmäßige Steigerungsformen:
*bon – meilleur(e) – le/la meilleur(e)*
*bien – mieux – le mieux*

**TIPP** Alles über den Superlativ findest du in „Durchstarten für das 2. Lernjahr, Teil A“ ab Seite 74.

## *PLUS / LE PLUS* = Steigerung von *beaucoup* (mehr, am meisten)

*Pépé dort* ***beaucoup****,*
*Mémé dort* ***plus****.*
*Tante Adélaide dort* ***le plus****.*

**!** Bei diesem *plus* wird das *-s* am Ende des Wortes ausgesprochen!

Außerdem kann man für den Komparativ *plus* auch das Wort *davantage* verwenden:
*Mémé dort davantage.*

Bevor alles zu verwirrend wird, versuche einmal folgende Übung:

**89** Bilde Sätze nach folgendem Muster:

1. Mon père / acheter / cigarettes. (keine mehr)
   Mon père n'achète plus de cigarettes.

**à toi**

2. La grammaire / intéressant / télévision (Komp.)
3. Mes collègues / travailler / je / ne . . . pas (Komp.)
4. Versailles / être / grand château / en France (Superl.)
5. En France / il y avoir / rois ( auch keine mehr)
6. Les pôles / être / endroits / froid / sur terre (Superl.)
7. Je / avoir / farine (keines mehr)
8. Mimi / dépenser / plus (am meisten)
9. Mémé / manger / Finver et moi (Komp.)
10. Les cafés à Vienne / être / confortable / à Paris (Komp.)

Welche Antwort passt zu welcher Frage?

1. Vous avez encore des exercices à faire?
2. Tu as dépensé beaucoup d'argent en Angleterre?
3. Tes parents n'aiment pas la vie à Paris?
4. J'adore le chocolat. Toi aussi?
5. Nous n'avons pas aimé ce film. Et vous?
6. Cette femme est magnifique? N'est-ce pas?
7. Aurais-tu du beurre?
8. Tu dépenses beaucoup d'argent?
9. Connais-tu Michael Jackson?
10. Tu mangeras encore une fois dans ce restaurant?

a) Désolé. Je n'en ai plus.
b) Oui, plus que toi.
c) Non, nous n'en avons plus.
d) Non, et Finver non plus.
e) Non, je n'y mangerai plus.
f) C'est vrai. Elle est plus belle que Claudia Schiffer.
g) Moi aussi, c'est ce que j'aime le plus.
h) Oui, j'en dépense plus que vous.
i) Bien sûr! C'est le chanteur le plus connu.
j) Nous non plus. Il était trop violent.

Übersetze.

1. Gehst du nicht mehr aus?
2. Ich habe kein Geld mehr. Du auch nicht?
3. Kommt ihr auch nicht mehr nachhause heute?
4. Meine Freunde sind öfter in Discotheken als ich.
5. Meine Eltern sind die strengsten.
6. Cédrics Vater verdient am meisten.
7. Hast du noch deine Freundin? Nein, ich habe sie nicht mehr.
8. Haben sie viel gelernt? Sicherlich mehr als wir.
9. Ich will nie mehr in die Schule gehen.
10. Dann hättest du keine Ferien mehr!

Nun zu einer Neuigkeit:

## *PLUS DE* + NOMEN + *QUE* = mehr + NOMEN + als

*Séverine a reçu* ***plus de lettres que*** *moi.*
Séverine hat mehr Briefe als ich bekommen.

Hier werden also **Mengen verglichen**. Wenn eine Menge größer ist als die andere, verwendet man ***plus de***.

Der Vollständigkeit halber erwähne ich nun auch das folgende:

Ist die Menge kleiner, brauchst du ***moins de***:
*Je reçois* ***moins de lettres que*** *Séverine.*

Sind die Mengen gleich groß, sagst du ***autant de***:
*Nora reçoit* ***autant de lettres que*** *Séverine.*

Bei diesen Vergleichen kannst du das Nomen, vor dem *plus de* steht, durch *en* ersetzen:

| | |
|---|---|
| *Je reçois beaucoup de lettres.* | *Mais Séverine* ***en*** *reçoit* ***plus.*** |
| | *Nora* ***en*** *reçoit* ***moins****.* |
| | *Véro* ***en*** *reçoit* ***autant****.* |

! *Je reçois plus* ***de*** *cartes postales que* ***de*** *lettres.*
(Ich bekomme mehr Ansichtskarten als Briefe.)

Vergiss nicht, beim Vergleichwort ebenfalls nur *de* zu verwenden!

## *LE PLUS DE* + NOMEN: die meisten + NOMEN

Auch bei den Mengen gibt es also unerreichbare Sieger, die mit niemandem verglichen werden können:

*Henri a reçu* ***le plus de lettres****.* (Henri hat die meisten Briefe erhalten.)

! Der Artikel wird hier nie verändert! Es heißt immer ***le plus de***!

Und wieder der Vollständigkeit halber: Die kleinste Menge wird ausgedrückt durch ***le moins de***.

*Andi a reçu* ***le moins de lettres***.

92 à toi

Bilde Vergleichssätze.

1. Monique, Chantal, livres, +
   Monique a plus de livres que Chantal.
2. Monique, lire, livres, de toute la classe, ++
3. Pierre, acheter, chaussures, sa femme, -
4. mais, il, avoir, chemises, son fils, +
5. je, avoir, pulls, il, =
6. A Paris, il y avoir, habitants, à Vienne, +
7. la ville, offrir, écoles, la campagne, +
8. la capitale, posséder, écoles, ++

93 à toi

Füge die passenden Formen ein.

1. Ce . . . sont . . . amis. — ne sont plus des
2. Tante Adélaide écrit . . . livres . . . moi.
3. Elle travaille . . .
4. Charles est gentil, mais Olivier me plaît . . .
5. Il est . . . surprenant . . . Charles.
6. De tous ses amis, il gagne . . . argent.
7. Il . . . veut . . . vivre . . . à Paris.
8. Vous . . . avez . . . vacances?
9. Nicolas est . . . beau . . . de tous les garçons.
10. Danielle . . . a . . . chocolat pour faire un gâteau.
11. Jean gagne . . . Pierre.
12. Finver part en vacances. Sa valise est toujours . . . lourde . . .

## *PLUS DE* + NOMEN: mehr als + NOMEN

*Pépé a reçu* ***plus de 100 lettres*** *par jour. (Il était facteur).*
(Pépé erhielt mehr als 100 Briefe pro Tag. Er war Briefträger.)

Dieses *plus de* brauchst du, wenn es um Zahlenvergleiche geht:

| | |
|---|---|
| Max verdient **mehr als 40.000 Francs** im Monat. | *Max gagne* ***plus de 40.000 francs*** *par mois.* |
| Er verdient **mehr als du**. | *Il gagne* ***plus que*** *toi.* |

**!** Im Deutschen ist die Übersetzung von *que* und von *de* **als**!

Wenn Max übrigens weniger als 40.000 Francs verdient, verursacht er folgenden Satz:

*Max gagne* ***moins de 40.000 francs*** *par mois.*

94

Bilde Sätze mit *plus de* oder *plus que*.

1. Dans notre famille, il y a – filles – garçons
   Dans notre famille, il y a plus de filles que des garçons.

à toi

2. Kathi – avoir – 15 poupées
3. Ce monsieur – posséder – maisons – la famille Ducroix
4. Henri – rire – Séverine
5. A Paris – il y avoir – clochards – à Vienne
6. Mémé – dormir – moi
7. Mon père – avoir – argent – moi
8. Mes élèves – avoir – ordinateurs – livres
9. Paris – compter – 9 millions habitants
10. Nous – travailler – vous

**95** Übersetze:

1. Ich werde im Herbst mehr Schüler haben als vergangenes Jahr.
2. Die kleinen Franzosen haben mehr Unterrichtsstunden als die Österreicher. *(une heure de cours)*
3. In Österreich fängt man jedoch früher an als in Frankreich.
4. Wir haben mehr Noten als ihr.
5. Die Kinder wollen keine Noten mehr bekommen.
6. Die österreichischen Lehrer *(les enseignants)* haben mehr Gegenstände zu unterrichten. *(les matières)*
7. Es gibt viele Schüler, die nicht mehr in die Schule gehen wollen.
8. Viele Schüler arbeiten mehr als ihre Eltern.
9. Finver glaubt, dass er am meisten arbeitet.
10. Er hofft auch, dass er der beste Wurm ist.
11. Ich glaube das seit langem nicht mehr.
12. Peter ist der begabteste *(doué)* Schüler meiner Klasse.

## *PLUS – PLUS*: je mehr . . . desto . . .

***Plus** je dors, **plus** je suis fatigué.*
Je mehr ich schlafe, desto müder bin ich.

Diese Verwendung ist einfach, weil das *plus* einfach an den Beginn des Satzes gestellt wird, egal, worauf es sich bezieht:

Je sicherer du bist, desto mehr Erfolg hat du.
***Plus** tu es sûr de toi-même, **plus** tu as de succès.*

Je mehr Geld ich habe, desto lieber gebe ich es aus.
***Plus** j'ai d'argent, **plus** j'aime le dépenser.*

Finver: Hahaha.
Ich würde eher sagen: Je mehr Geld du hast, desto weniger kaufst du.

***Plus** tu as d'argent, **moins** tu achètes!*

M. Ver: Abgesehen von der inhaltlichen Falschheit des Satzes, hast du einen richtigen und wichtigen Hinweis gegeben:
***Plus* und *moins* lassen sich hier beliebig kombinieren!**

Je mehr ich erkläre, desto weniger Probleme habt ihr.
***Plus*** *j'explique,* ***moins*** *vous avez de problèmes.*

Je weniger Probleme ihr habt, desto lieber lernt ihr.
***Moins*** *vous avez de problèmes,* ***plus*** *vous aimez apprendre.*

Je weniger Probleme ihr habt, desto weniger schimpfen eure Eltern.
***Moins*** *vous avez de problèmes,* ***moins*** *vos parents crient.*

**96** Füge eine passende Verwendung von *plus* in den Satz ein:

1. Mémé chante à la chorale. (Négation)
   Mémé ne chante plus à la chorale.

**à toi**

2. C'est la grande chorale de Cannes. (Superl.)
3. Mémé et son amie chantaient toujours haut. (Superl.)
4. Elle chantait, elle se sentait bien. (je mehr – desto)
5. Si j'étais riche, j'acheterais un appartement à Finver. (Komp.)
6. Les élèves essayaient de nous saluer poliment (possible) (Superl.)
7. Finver a fait . . . tableaux . . . Picasso. (Komp.)
8. Dans notre famille, ma tante avait . . . enfants. (Superl.)
9. Mémé raconte des blagues. (Négation)
10. C'étaient des blagues (Négation), c'étaient des petites histoires.

**97** Bilde Sätze mit folgenden Wortgruppen.

1. Je / avoir / frères / toi / plus
   J'ai plus de frères que toi

**à toi**

2. Michelle / être / beau / fille / monde / plus
3. Nous / connaître / gens / sympathique / vous / plus
4. Elle / acheter / lait / supermarché / ne / plus
5. Pépé / lire (impf.) / journaux / travail / ses autres collègues / plus
6. Pierre / boire (p.c.) / bière / plus
7. La vie / Finver / être (futur) / agréable / dès maintenant / plus
8. Il / travailler (impf.) / maison / il / faire (impf.) / bêtises / plus / plus
9. Mémé / gagner / Pépé / plus
10. Ce / être / exercices / intéressant / ne / plus

Finver: Darf ich dich aufmerksam machen, dass die Seitenanzahl, die du zur Verfügung hast, ihrem Ende zugeht? Und außerdem hast du versprochen . . .

M. Ver: Ah! Noch ein *plus*! „Außerdem" heißt *de plus*!

Finver: Das findet jeder halbwegs lesefähiger Schüler in jedem halbwegs ordentlichen Wörterbuch.
Lass es gut sein! Mücken soll man nicht zu Elefanten machen, sagst du immer. Ich schlage daher eine Chefübung vor, und dann hauen wir ab. Ich möchte wieder einmal leben! Nicht nur arbeiten!
Ich hab nur noch einen Tipp für deine Schüler!

Vergesst nicht zu leben.
Freut euch mindestens viermal am Tag, dass ihr lebt, und wenn euch das Lernen einmal total nervt, vergesst es kurz.

Aber wirklich! Es ist nicht gut, wenn man die Schule dauernd als Rucksack mit sich herumschleppt. Man muss sie manchmal einfach dort lassen, wo sie hin gehört!

In diesem Sinne: Freut euch, lebendig zu sein, lacht wieder einmal, und wenn ihr gerade nichts zum Lachen habt, dann heult einfach. Das kann auch gut tun! Aber lebt!

Vor der Chefübung, die übrigens von mir stammt, schnell noch eine Kurzfassung des Kapitels für die Kartei!

**K**

| **PLUS** | |
|---|---|
| ☆ ***ne . . . plus***<br>☆ ***ne . . . plus de*** | = nicht mehr<br>= keine(n) mehr |
| ☆ ***non plus*** | = auch (nicht) |
| ☆ ***plus* + ADJ. /ADV.**<br>*plus . . . que*<br>☆ ***le (la, les) plus* + ADJ. / ADV.** | = Komparativ<br>= Vergleich (als)<br>= Superlativ |
| ☆ ***plus / le plus***<br><br>☆ ***plus de* + NOMEN + *que***<br>☆ ***le plus de* + NOMEN**<br>☆ ***plus de* + NOMEN** | = Steigerung von beaucoup (mehr, am meisten)<br>= mehr + NOMEN + als<br>= die meisten + NOMEN<br>= mehr als + NOMEN |
| ☆ ***plus – plus*** | je mehr . . . desto . . . |

## *EXERCICE DU CHEF*

Übersetze.

1. Ihr werdet mehr verdienen als eure Eltern. Und du, du wirst am meisten haben!
2. Ihr seid die besten Schüler, die ich kenne. (Zweimal Achtung!)
3. Niemand ist geduldiger als ihr. Außerdem hört ihr François geduldiger zu als seine Mutter.
4. Je lebendiger *(vif)* ihr seid, desto leichter ist die Arbeit.
5. Ihr seid keine Kinder mehr. Ihr müsst die Verantwortung häufiger selbst übernehmen. *(prendre des responsabilités)*
6. Ihr habt schon mehr Erfahrungen *(une expérience)* gemacht als eure Eltern in eurem Alter.
7. Genießt *(profiter de)* euer Leben mehr. Oder wollt ihr mehr Falten als alle eure Großmütter zusammen haben? *(toutes réunies)*
8. Manchmal könntet ihr auch ein bisschen verrückter sein und euch mehr trauen. *(oser)*
9. Je offener und ehrlicher *(sincère)* ihr seid, desto besser werdet ihr euch fühlen.
10. Jetzt werde ich das Buch beenden, weil ich nicht mehr arbeiten will. Ihr auch nicht?

**AUSWERTUNG:**

Du weißt schon, was jetzt kommt! Das Fehlerzählen hat in deinem Alter und bei deinem Wissensstand nicht mehr viel Sinn.

Die möglichen Fehlerquellen sind zu zahlreich, als dass ein Buch sie noch alle beschreiben oder gar beheben könnte!

Einmal mehr geht es um deine Verantwortung für das, was du tust, kannst oder nicht kannst. Und um deine Ehrlichkeit dir gegenüber.

Du musst wissen und spüren, wo deine Wissenslücken sind und dich dann mit ihnen beschäftigen.

Ich wünsche dir die Kraft, zu dir selbst so ehrlich zu sein, dass du niemals mehr glauben musst, die anderen trügen die Schuld an deinem Misserfolg oder an deinen Fehlern.

Das ist zwar unbequemer, aber man hat dafür alle Chancen der Welt, seinen Misserfolg hinauszuwerfen und seine Fehler durch Richtigkeiten zu ersetzten, eben **weil** man selbst verantwortlich ist!

## Versetzung gefährdet – was nun?

Rechtlicher Rahmen und Aufgaben der Eltern in Deutschland

Wenn die Versetzung eines Kindes gefährdet ist, sind auch seine Eltern gefordert. Auf jeden Fall ist es sinnvoll, dass Schule und Elternhaus dieses Problem gemeinsam erörtern, nach den Ursachen fragen und nach Abhilfe suchen. Sie als Eltern sollten nicht nur über den rechtlichen Rahmen zur Leistungsbeurteilung und Versetzung informiert sein; Sie sollten auch wissen, was Sie selbst unternehmen können, um das festgefahrene Schiff wieder in besseres Fahrwasser zu lenken.

**Rechtlicher Rahmen**

Auskunft über die jeweils gültigen Rechtsvorschriften zur Leistungsbeurteilung und Versetzung können Eltern in den Amtsblättern und dem Staatsanzeiger nachlesen, die bei jedem Schulleiter sowie dem Schulamt einzusehen sind.

Da für jedes Bundesland eigene Vorschriften existieren, möchte ich die Ausgestaltung des rechtlichen Rahmens am Beispiel des Hessischen Schulrechtes (Quelle: Dienst- und Schulrecht Hessen, GEW-Handbuch, völlig neubearbeitete Ausgabe, Stand März 1994) erörtern.

Wird eine Leistung im Zeugnis mit schlechter als der Note „ausreichend" bewertet, so entscheidet die einfache Mehrheit der **Versetzungskonferenz** über die Versetzung oder Nichtversetzung der Schülerin oder des Schülers. Zur Teilnahme ist jeder Lehrer, der die Schülerin oder den Schüler im laufenden Schuljahr oder vor einem Lehrerwechsel unterrichtet hat und wer die Schülerin oder den Schüler vor einem Lehrerwechsel im laufenden Schuljahr zuletzt unterrichtet hat und noch der Schule angehört, verpflichtet (a.a.O., Abt. 5, § 12,2):

> *„Die Versetzungsentscheidung wird aus* ***pädagogischer Verantwortung und frei von Schematismus getroffen****. Grundlage sind die Leistungen und die Entwicklung der Schülerin oder des Schülers während des ganzen Schuljahres (a.a.O.; Abt. 5, § 11,2)."*

Verschlechtert sich die Schülerin oder der Schüler in einem Fach von einem auf das nächste Schulhalbjahr, so ist dies von der Fachlehrerin oder dem Fachlehrer in der Versetzungskonferenz zu begründen.

Verlauf und Ergebnisse der Versetzungskonferenz werden im **Protokoll** festgehalten, welches jederzeit von den Eltern eingesehen werden kann.

> *„Eine Note schlechter als ausreichend in einem Fach oder Lernbereich kann nur durch die Note befriedigend oder besser in einem anderen Fach oder Lernbereich ausgeglichen werden (a.a.O., Abt. 5, Anlage 1; 11,2)."*

Zusätzlich gilt für Schülerinnen und Schüler an Gymnasien und Realschulen: Schlechter als mit der Note „ausreichend" beurteilte Leistungen in einem der Fächer Deutsch, erste Fremdsprache (für Gymnasiasten auch die zweite Fremdsprache) und Mathematik hindern eine Versetzung dann nicht, wenn die Schülerin oder der Schüler **besondere Fähigkeiten und starken Arbeitswillen** in einem anderen dieser o.g. Fächer oder in mehreren anderen Unterrichtsfächern erkennen lässt. Dies könnte unter Umständen durch die Note „befriedigend" gegeben sein.

**Mehr als zwei** mit schlechter als der Note „ausreichend" beurteilte Leistungen in den Fächern Deutsch, erste Fremdsprache (für Gymnasiasten auch die zweite Fremdsprache) und Mathematik können in der Regel nicht ausgeglichen werden (a.a.O., Abt. 5, Anlage 1).

In den Jahrgangsstufen 7 bis 10 ist eine **nachträgliche Versetzung** möglich:

*„Wird eine Schülerin oder ein Schüler auf Grund schlechter als ausreichend bewerteter Leistungen im Zeugnis in zwei Fächern oder Lernbereichen nicht versetzt, so kann die Versetzungskonferenz die Schülerin oder den Schüler zu einer* ***Nachprüfung*** *in einem der zwei Fächer oder Lernbereiche innerhalb der ersten sechs Unterrichtstage des neuen Schuljahres dann zulassen, wenn bei schlechter als ausreichend bewerteter Leistungen in nur einem Fach oder Lernbereich die Versetzung möglich gewesen wäre (a.a.O., Abt. 5, § 16,3)."*

**Aufgaben der Eltern**
Einfühlungsvermögen und Kommunikationbereitschaft sind grundlegende Eigenschaften von Eltern, die bereit sind, sich frühzeitig mit schulischen Misserfolgen ihres Kindes auseinanderzusetzen.
Eltern mit solchen Grundeinstellungen sind eher in der Lage, Warnsignale rechtzeitig zu erkennen, um ihrem Kind in schwierigen Schulsituationen rechtzeitig zu helfen.

*Ist die „Fünf" in der Klassenarbeit ein Ausrutscher oder schon ein Warnzeichen?*

Suchen Sie dazu das **sachliche Gespräch mit Ihrem Kind**, um gemeinsam über Gründe des Misserfolges nachzudenken und nach Lösungen zu suchen!
Darüber hinaus kann ein **Gespräch mit der unterrichtenden Lehrerin oder dem unterrichtenden Lehrer** zu wichtigen Erkenntnissen führen. Die Sprechstunden der Lehrerinnen und Lehrer während des Schuljahres werden kaum wahrgenommen. Das Gespräch wird meistens dann gesucht, wenn es bereits „zu spät" ist.

Bei **anhaltenden Misserfolgen** müssen sich die Eltern fragen:

*Ist mein Kind in dieser Klasse mit dem jetzigen Lernstoff überfordert?*

Langfristige Überforderungen führen in der Regel zu psychischen Verletzungen des Kindes; ständige Misserfolge kratzen am Selbstwertgefühl und wirken demotivierend. Die Familienatmosphäre ist zumeist auch in Mitleidenschaft gezogen.
Dabei sollte es das Ziel der Eltern sein, ihrem Kind aus der Zone der Misserfolge herauszuhelfen, damit es bei Erfolgen wieder Lob und Anerkennung erfahren kann.
Dazu könnte unter Umständen die **Änderung des Schul- und Ausbildungsweges** erforderlich sein. Vielleicht nimmt aber schon ein **rechtzeitiges Zurückgehen** Ihres Kindes in die vorhergehende Jahrgangsstufe den störenden psychischen Druck.

Sollte eine schlechte Note auf kurz- bzw. mittelfristig zu schließende Lücken oder Defizite im lernmethodischen Bereich zurückzuführen sein, können – bei Bereitschaft des Kindes – **außerschulische Förderungsmaßnahmen** (z. B. Lernhilfen, Nachhilfe, Kurse „Das Lernen lernen") sinnvoll bzw. erfolgreich eingesetzt werden.

*Hedi Jantsch*
*Vorsitzende des Schulelternbeirates*
*am Friedrichsgymnasium Kassel*

# „Nicht genügend"!
## Was können Eltern dagegen tun?
## Pädagogische Aspekte und rechtliche Situation in Österreich

**Der pädagogische Beurteilungsspielraum**
Die Bestimmungen des Schulunterrichtsgesetzes über die Leistungsbeurteilung an den Schulen zielen einmal darauf ab, ein höchstmögliches Ausmaß an Objektivität zu gewährleisten, sind doch oft sehr wesentliche Berechtigungen an das Bestehen oder Nichtbestehen einer Prüfung geknüpft. Andererseits wird auch der Umstand berücksichtigt, dass eine Leistungsbeurteilung in der Schule immer auch eine pädagogische Maßnahme ist. Es würde sich eher ungünstig auf die Motivation der Kinder auswirken, wenn der nachlässige Schüler auf Grund seiner Begabung leicht zu guten Beurteilungen kommen würde, der strebsame Jugendliche aber immer nur eine unerfreuliche Beurteilung erhalten könnte. Jeder würde im Laufe der Zeit seine Bemühungen einstellen, wenn er sähe, dass er das gewünschte Ziel niemals erreichen kann. Oder umgekehrt, warum sollte sich ein begabtes Kind anstrengen, wenn es auch ohne jede Mühe Anerkennung fände. Das Schulunterrichtsgesetz hat daher dem Lehrer in einigen Bereichen einen „pädagogischen Beurteilungsspielraum" eingeräumt.
Ein Lehrer wird diesen vor allem dadurch nützen, dass er die Mitarbeit des Schülers im Unterricht, seine Bemühungen bei der Anfertigung der Hausaufgaben – so wie es im § 3 der Verordnung über die Leistungsbeurteilung festgelegt ist – gleichwertig in die Gesamtbeurteilung einbezieht. Hier hat der Lehrer die Chance, ausgleichend, motivierend, ermutigend die Leistungsbeurteilung mit seinem pädagogischen Auftrag zu verbinden. Es wäre pädagogisch unklug und widerspräche den Bestimmungen des Schulunterrichtsgesetzes, wenn nur die Schularbeiten zur Leistungsbeurteilung herangezogen würden.

**Die Informationspflicht des Lehrers**
In engem Zusammenhang mit diesen Bestimmungen ist die vorgeschriebene Transparenz zu sehen. Eine pädagogische Maßnahme kann nur dann eine günstige Auswirkung haben, wenn der Schüler Informationen darüber erhält, inwieweit es ihm gelungen ist, Leistungen nachzuweisen, etwa bei der Wiederholung oder Erarbeitung neuer Lehrstoffe. Positive Rückmeldungen in diesem Bereich werden auch den schwachen Schüler veranlassen, sich lebhaft am Unterricht zu beteiligen, was sich im Allgemeinen längerfristig auch positiv auf die Ergebnisse der Schularbeiten auswirken wird.
Der Lehrer ist verpflichtet, Aufzeichnungen im erforderlichen Ausmaß anzufertigen, Schüler und Eltern haben ein Recht auf Transparenz.

**Was darf geprüft werden?**
Grundsätzlich darf nur das geprüft werden, was im Lehrplan steht (Schulbücher gehen oft weit über die Anforderungen des Lehrplans hinaus!) und was bis zum Prüfungszeitpunkt durchgenommen wurde.

**Die Benotung**
Bei der Festsetzung einer Note für ein gesamtes Schuljahr hat der Lehrer alle im Laufe des Jahres erbrachten mündlichen wie schriftlichen Leistungen (nicht Leistungsbeurteilungen) zu berücksichtigen. Die vielgeübte Praxis, einfach eine Durchschnittsnote zu bilden, entspricht nicht den Bestimmungen des Schulunterrichtsgesetzes, schon gar nicht, wenn dazu nur die Ergebnisse der Schularbeiten herangezogen werden. Es geht vielmehr darum, am Ende des Schuljahres zu beurteilen, ob der Schüler durch seine Leistungen gezeigt hat, dass er das, was im Unterricht durchgenommen wurde (und was auch im Lehrplan vorgesehen ist), wenigstens überwiegend kann. Wie und bei welcher Gelegenheit, ob im Rahmen der mündlichen Mitarbeit, etwa bei der Lösung einer Aufgabe an der Tafel oder bei einer

Schularbeit oder bei einer mündlichen Prüfung, Leistungen nachgewiesen wurden, ist dabei unerheblich. Alle erbrachten Leistungen müssen gleichwertig herangezogen werden.

Ein Lehrer wird eine Leistung mit **„Gut"** oder **„Sehr gut"** beurteilen, wenn ein Schüler über das Wesentliche hinaus oder weit über das Wesentliche hinaus Leistungen erbringt.

Ein Lehrer wird eine Leistung mit **„Befriedigend"** beurteilen, wenn der Schüler den Anforderungen in den „wesentlichen Bereichen" entsprochen hat. Ein **„Genügend"** signalisiert hingegen, dass der Schüler in den „wesentlichen Bereichen" Lücken hat. Er hat den Anforderungen nur überwiegend entsprochen. Gerade in den sogenannten aufbauenden Gegenständen, in denen der neue Lehrstoff auf Vorkenntnissen aufbaut, kann das fatale Folgen haben. Hat zum Beispiel das Kind in der Unterstufe des Gymnasiums in Mathematik nur lückenhafte Kenntnisse erworben, sind Schwierigkeiten in der Oberstufe fast vorprogrammiert. Ein „Genügend" genügt also nicht immer! Der Lehrer wird Auskunft darüber erteilen, wo diese Lücken sind und wie man sie möglichst schnell schließen kann.
Ein **„Nicht genügend"** erhält ein Schüler dann, wenn es ihm nicht gelungen ist, den Anforderungen in den „wesentlichen Bereichen" wenigstens überwiegend zu entsprechen. Was sind nun die sogenannten „wesentlichen Bereiche"? Das Bundesministerium für Unterricht und Kunst vertritt hier die Meinung, dass ein Lehrer dies im Laufe des Unterrichtsjahres selbst zu definieren hat. Es ist jedenfalls nicht zulässig und widerspräche dem Grundsatz der Transparenz, erst nach einer Prüfung zu sagen, was wesentlich und was unwesentlich gewesen wäre. Gegen ein „Nicht genügend" bei einer Schularbeit oder bei einer Prüfung können Eltern keine Berufung einlegen, auch wenn diese Note als ungerecht empfunden wird. Ein Schüler, der sich über eine verpatzte Schularbeit ärgert, hat jedenfalls das Recht, sich einmal im Semester in jedem Gegenstand zu einer mündlichen Prüfung zu melden.

### Meinem Kind droht ein „Nicht genügend". Was soll ich tun?

Für Eltern ist es wichtig zu analysieren, worauf ein so umfangreiches Versagen des Kindes zurückzuführen ist. Hat nur das eigene Kind versagt oder der größte Teil der Klasse? Hat das Kind sich mit dem nötigen Fleiß vorbereitet oder nicht? Haben vorübergehende physische oder psychische Probleme zu einem eher einmaligen Versagen geführt? Zu einer objektiven Klärung der Ursachen führt in erster Linie ein Gespräch mit dem zuständigen Lehrer, auch ein Kontakt mit anderen Eltern der Klasse kann hilfreich sein. Führt dies nicht zu einer befriedigenden Antwort, kann die kostenlose Hilfe des schulpsychologischen Dienstes in Anspruch genommen werden. Durch entsprechende Tests kann der Schulpsychologe herausfinden, ob das Kind in einer seiner Begabung entsprechenden Schule ist, oder ob ein Schulwechsel auf Grund der Begabungsrichtung für das Kind nicht besser wäre.
Eltern mögen bedenken, dass sich hinter einem sogenannten „faulen Kind" nur allzu oft ein Schüler verbirgt, der den Anforderungen nicht genügen kann oder dies jedenfalls von sich selbst glaubt. Es ist oft weniger diskriminierend, faul als dumm zu sein. Eine rasche Klärung und eine vernünftige Reaktion der Eltern werden dem Schüler helfen, ein gesundes Selbstwertgefühl aufzubauen. Schulische Erfolge werden sich so viel leichter einstellen.
Kein Kind mit einem „Nicht genügend" fühlt sich besonders wohl. Auch ein Schüler, der seine Pflichten versäumt hat, benötigt Hilfe und Informationen, wie die Lücken geschlossen werden können, Hilfe bei der Zeitplanung und bei der Beschaffung von Lernunterlagen, mit denen das Kind selbstständig arbeiten kann. Lob und Anerkennung für die ersten kleinen Erfolge helfen dem Kind mehr als Vorhaltungen. Ein Nachhilfelehrer sollte nicht gleich bestellt werden, kurzfristige Erfolge könnten längerfristig dazu führen, dass sich ein Kind an Hilfe gewöhnt und womöglich zu dem Ergebnis kommt, dass es alleine zu guten Leistungen nicht fähig ist.
Sollten alle Schüler einer Klasse mehr oder weniger nur genügende oder nicht genügende Leistungen erbringen, und sollte dies wiederholt geschehen, ist der zuständige Elternvertre-

ter aufgerufen, mit dem Lehrer und – wenn dies nichts fruchtet – auch mit der Schulaufsicht Kontakt aufzunehmen. Einerseits kann auf Dauer nicht hingenommen werden, dass den Schülern nur lückenhafte Kenntnisse vermittelt werden können, andererseits sind negative Auswirkungen auf die Motivation zu befürchten. Die Schüler könnten „lernen", dass alle Anstrengungen doch nur zu einer schlechten Beurteilung führen, und in ihrem Fleiß nachlassen.

**Was soll mein Kind tun?**
Meldet sich ein Schüler bei einem drohenden „Nicht genügend" zu einer mündlichen Prüfung, wird ihm der Lehrer die Gelegenheit einräumen, Leistungen in den „wesentlichen Bereichen" nachzuweisen, wo dies dem Schüler bislang nicht möglich war. Eine umgekehrte Vorgangsweise wäre schikanös und anfechtbar. Wenn es dem Schüler gelingt, zu den bisher erbrachten Leistungen, die für ein „Genügend" noch nicht ausreichten, zusätzliche Leistungen nachzuweisen, wodurch die Anforderungen in den „wesentlichen Bereichen" nunmehr überwiegend erfüllt werden, so ist ein „Genügend" zu erteilen.
Bei allzu großen Lücken, die im Laufe eines ganzen Jahres entstanden sind, wird es aber eher aussichtlos sein, im Rahmen einer einzigen mündlichen Prüfung, deren Dauer auf 10 bzw. 15 Minuten begrenzt ist, nachzuweisen, dass alle Lernrückstände aufgeholt wurden. Schüler neigen dazu, allzu große Hoffnungen auf diese letzte Prüfung zu setzen. Nur bei einem geringen Rückstand besteht die Möglichkeit einer Notenkorrektur.

**„Nicht genügend". Kann mein Kind trotzdem aufsteigen?**
Grundsätzlich sind Schüler mit einem „Nicht genügend" nicht zu einem Aufsteigen in die nächste Klasse berechtigt. Ganz im Sinne seiner pädagogischen Ausrichtung sieht das Schulunterrichtsgesetz jedoch eine wichtige Ausnahme vor.
Hat der Schüler nicht bereits im vorigen Jahr im gleichen Gegenstand ein „Nicht genügend", und ist dieses Fach weiter im Lehrplan vorgesehen, kann die Klassenkonferenz, in der alle Lehrer vertreten sind, die in der Klasse unterrichten, beschließen, den Schüler aufsteigen zu lassen. Voraussetzung für eine positive Entscheidung ist, dass die Leistungen in allen anderen Fächern so gut sind, dass der Schüler aller Voraussicht nach im kommenden Jahr erfolgreich am Unterricht teilnehmen kann.
Der Gesetzgeber geht hier davon aus, dass die Leistungsreserven eines Schülers begrenzt sind. Die Lehrer einer Klasse müssen gemeinsam eine Prognose darüber abgeben, ob ein Schüler die Lücken in einem mit „Nicht genügend" beurteilten Gegenstand bei fortschreitendem Unterricht im folgenden Schuljahr angesichts der Situation in den anderen Fächern wird aufholen können:
Wieviele mit „Genügend" beurteilte Gegenstände enthält das Jahreszeugnis?
Hat ein solches „Genügend" eher eine Tendenz zum „Nicht genügend" oder zum „Befriedigend"?
Reichen die Kenntnisse in einem mit „Genügend" beurteilten Fach aus, oder müssen auch hier erst Lücken geschlossen werden, um dem Unterricht im kommenden Schuljahr folgen zu können. (Ein schwaches „Genügend" steht einem Aufsteigen in die nächste Klasse dann nicht entgegen, wenn zum Beispiel in Geographie Kenntnisse in Gesteinskunde fehlen, im nächsten Jahr aber die Wirtschaftsräume auf dem Programm stehen.)
Hat ein ansonsten zufriedenstellend arbeitender Jugendlicher aus besonderen Gründen (zum Beispiel Scheidung der Eltern, schwere Erkrankung) nur vorübergehend nachgelassen und steht zu erwarten, dass er leistungsstark genug ist, die Defizite aufzuholen?
Die Lehrer werden auf Grund ihrer Erfahrung und ihres Sachverstandes zu einer vertretbaren, sinnvollen Lösung kommen.

**Die Berufung**
Eltern können gegen die fehlende Berechtigung zum Aufsteigen in die nächste Klasse berufen und dabei das „Nicht genügend" und die Entscheidung der Klassenkonferenz anfechten. Aussichten für eine erfolgreiche Berufung sind dann gegeben, wenn Eltern bei

einem „Nicht genügend" darlegen können, dass sachfremde Gründe, etwa disziplinäre Schwierigkeiten, bei der Beurteilung eine Rolle gespielt haben, die geforderten Kenntnisse aber sehr wohl vorhanden sind. Es ist sicher nicht einzusehen, dass in einem solchen Fall ein Kind nur wegen seines unangenehmen Verhaltens ein ganzes Jahr wiederholen soll. Manchmal können auch reine Formfehler eines Lehrers dazu führen, dass ein „Nicht genügend" aufgehoben wird. Lehrer sind keine Juristen und sollten es wohl auch nicht sein. Ein so erfochtener Erfolg ist in der Regel kein Erfolg für das Kind. Die Lernrückstände des Kindes werden so nicht geschlossen, und ein vertrauensvolles Klima der Zusammenarbeit zwischen Eltern, Lehrern und dem Schüler könnte nachhaltig gestört werden.

Gegen den Beschluss der Klassenkonferenz könnte erfolgreich eingewandt werden:

– dass außergewöhnliche Belastungen des Kindes nicht berücksichtigt wurden, besonders, wenn gegen Ende des Schuljahres wieder eine steigende Tendenz erkennbar war;

– dass die fehlenden Kenntnisse in einem mit „Genügend" beurteilten Fach im folgenden Jahr keine Rolle mehr spielen oder nicht grundlegend für das Verständnis des Lehrstoffes im kommenden Schuljahr sein werden. Nicht erfolgreich sind meistens Berufungen, die sich auf einen Notenvergleich mit anderen Schülern beziehen.

Berufungen sind formlos. Ein einfacher Brief an die Schule genügt, in dem zum Ausdruck gebracht wird, dass man gegen die Nichtberechtigung zum Aufsteigen in die nächste Klasse beruft und das „Nicht genügend" und (oder) den Beschluss der Klassenkonferenz nicht für gerechtfertigt hält. Die Chancen steigen mit einer möglichst sachlichen Begründung. Die Schule leitet die Berufung an den Landesschulrat weiter. Dieser kann entweder auf Grund der vorgelegten Unterlagen entscheiden oder, wenn diese nicht ausreichen, kurzfristig eine kommissionelle Prüfung unter dem Vorsitz eines Schulaufsichtsbeamten durchführen. Der gesamte Jahresstoff kann Gegenstand einer solchen Prüfung sein. An dieser Stelle sei noch einmal darauf hingewiesen, dass das wichtigste Kriterium für eine Berufung die abgesicherte Überzeugung der Eltern sein sollte, dass das Kind über die erforderlichen Kenntnisse verfügt.

Gegen die Entscheidung des Landesschulrates ist eine Berufung beim Bundesministerium für Unterricht und kulturelle Angelegenheiten möglich. Es kann sinnvoll sein, wenn eine auch räumlich weiter entfernte Behörde die Angelegenheit noch einmal prüft. Immerhin werden im Schnitt ca. 25% der dort eingelangten Berufungen positiv entschieden.

*Ingrid Buschmann*
*Pressesprecherin des Bundesverbandes der Elternvereinigungen an Höheren und Mittleren Schulen Österreichs*

## *VOCABULAIRE* – VOKABELVERZEICHNIS

(Kein Wörterbuchersatz, nur Übersetzungshilfe!)

| | |
|---|---|
| *à condition de* | unter der Bedingung, dass |
| *à côté de* | neben |
| *à droite de* | rechts von |
| *à gauche de* | links von |
| *à part* | beiseite |
| *aborder* | ansprechen |
| *abriter* | unterbringen |
| *accident m.* | Unfall |
| *accompagner* | begleiten |
| *acheter* | kaufen |
| *acier m.* | Stahl |
| *acteur m.* | Schauspieler |
| *actrice f.* | Schauspielerin |
| *adhérer* | beitreten |
| *admettre* | zugeben |
| *admirer* | bewundern |
| *adorer* | mögen; anbeten |
| *affaire f.* | Angelegenheit |
| *affirmer* | behaupten |
| *afin que* | damit |
| *agir* | handeln |
| *agréable* | angenehm |
| *aide f.* | Hilfe |
| *aider* | helfen |
| *ajouter* | hinzufügen |
| *alarme f.* | Alarm |
| *amour m.* | Liebe |
| *amoureux, -se* | verliebt |
| *an m.* | Jahr |
| *année f.* | Jahr |
| *anniversaire m.* | Geburtstag |
| *août m.* | August |
| *appeler, s'* | heißen |
| *apporter* | bringen |
| *apprécier* | schätzen |
| *apprendre* | lernen |
| *approuver* | schätzen |
| *après* | nach |
| *argent de poche m.* | Taschengeld |
| *argent m.* | Geld |
| *armoire f.* | Schrank |
| *arracher* | ausreißen |
| *arrière-pays m.* | Hinterland |
| *arriver à* | gelingen |
| *arriver* | ankommen |
| *arrondissement m.* | Bezirk |
| *art m.* | Kunst |
| *artificiel, -e* | künstlich |
| *asseoir, s'* | sich setzen |
| *assez de* | genug |
| *attaquer* | überfallen |
| *attentif, -ve* | aufmerksam |
| *attitude f.* | Haltung |
| *attraper* | erwischen |
| *au cours de* | in (dessen, deren) Verlauf |
| *au fond de* | hinten in |
| *au lieu de* | statt zu |
| *au milieu de* | in (dessen, deren) Mitte |
| *au secours* | Hilfe! |
| *aujourd'hui* | heute |
| *autant de* | so viel |
| *autant que* | soviel |
| *autrefois* | früher |
| *avant que* | bevor |
| *avare m.* | Geizkragen |
| *avec* | mit |
| *aveugle* | blind |
| *avion m.* | Flugzeug |
| *avocat m.* | Anwalt |
| *avoir besoin de* | brauchen |
| *avoir du mal* | sich schwertun |
| *avoir envie de* | Lust haben |
| *avoir honte* | sich schämen |
| *avoir lieu* | stattfinden |
| *avoir mal au coeur* | übel sein |
| *avoir peur de* | Angst haben |
| *bac m.* | Matura, Abitur |
| *bague f.* | Ring |
| *bal m.* | Ball |
| *banc m.* | Bank |
| *bataille f.* | Schlacht |
| *bâtir* | bauen |
| *battre* | schlagen |
| *bavard, -e* | geschwätzig |
| *beau, bel, belle* | schön |
| *beauté f.* | Schönheit |
| *bête* | dumm |
| *bêtise f.* | Dummheit |
| *bien (adv.)* | gut |
| *bien que* | obwohl |
| *bilingue* | zweisprachig |
| *bizarre* | eigenartig |
| *blague f.* | Witz |
| *blesser* | verletzen |
| *bleu, -e* | blau |
| *boire* | trinken |
| *boisson f.* | Getränk |
| *boîte de nuit f.* | Nachtklub |
| *boîte f.* | Schachtel |
| *bon, -ne* | gut |
| *boum f.* | Party |
| *bouillabaisse f.* | Fischsuppe |
| *boulangère f.* | Bäckerin |
| *bourse f.* | Stipendium |
| *branche f.* | Ast |
| *briller* | glänzen |
| *bruit m.* | Lärm |
| *brûler* | verbrennen |
| *but m.* | Ziel |
| *cachette, en* | versteckt |
| *cadeau m.* | Geschenk |

| | |
|---|---|
| *cadre m.* | Rahmen |
| *calme m.* | Ruhe |
| *calme* | ruhig |
| *campagne f.* | Land |
| *capable* | fähig |
| *capitale f.* | Hauptstadt |
| *capricieux, -se* | launenhaft |
| *casser* | zerbrechen |
| *cause f.* | Grund |
| *cave f.* | Keller |
| *cerner* | umzingeln |
| *cesser* | aufhören |
| *chalet m.* | Hütte |
| *changer, se* | sich umziehen |
| *chaque* | jede(r, -s) |
| *château m.* | Schloss |
| *chaussure f.* | Schuh |
| *chemin m.* | Weg |
| *cher, chère* | teuer |
| *chercher* | suchen |
| *chez* | bei |
| *chimique* | chemisch |
| *chinois, -e* | chinesisch |
| *choisir* | auswählen |
| *chorale f.* | Chor |
| *choucroute f.* | Sauerkraut |
| *ciel m.* | Himmel |
| *cigogne f.* | Storch |
| *circuler* | umherfahren |
| *clairement* | klar, deutlich |
| *clé f.* | Schlüssel |
| *client m.* | Kunde |
| *clou m.* | Nagel |
| *coeur m.* | Herz |
| *coffre-fort m.* | Safe |
| *colère f.* | Zorn |
| *collection f.* | Sammlung |
| *combattre* | kämpfen |
| *commander* | bestellen |
| *comme* | da; wie |
| *commencer* | beginnen |
| *comment* | wie |
| *communauté f.* | Gemeinschaft |
| *comparer* | vergleichen |
| *complet m.* | Anzug |
| *comportement m.* | Verhalten |
| *comporter, se* | sich benehmen |
| *compréhensif, -ve* | verständnisvoll |
| *comprendre* | verstehen |
| *comptable m.* | Buchhalter |
| *compter avec* | mit etwas rechnen |
| *compter sur q.* | auf jemanden zählen |
| *compter* | beabsichtigen |
| *concerner* | betreffen |
| *condamner* | verdammen |
| *conducteur m.* | Fahrer |
| *confiance f.* | Vertrauen |
| *confirmer* | bekräftigen |
| *confortable* | gemütlich |
| *connaissance f.* | Bekanntschaft |
| *connaître* | kennen |

| | |
|---|---|
| *conscience f.* | Bewusstsein; Gewissen |
| *conseil m.* | Rat |
| *construire* | bauen |
| *content, -e (de)* | zufrieden (mit) |
| *continuer* | fortfahren |
| *contraception f.* | Verhütung |
| *convenir* | zusagen |
| *copine f.* | Freundin |
| *coquelicot m.* | Klatschmohn |
| *coucher, se* | sich niederlegen |
| *couleur f.* | Farbe |
| *coup de soleil m.* | Sonnenbrand |
| *coupable* | schuldig |
| *courage m.* | Mut |
| *courrier m.* | Post |
| *cours m. particulier* | Nachhilfestunde |
| *court de tennis m.* | Tennisplatz |
| *court, -e* | kurz |
| *couscous m.* | Couscous (Speise) |
| *couteau m.* | Messer |
| *coûter* | kosten |
| *craindre* | fürchten |
| *crédule* | leichtgläubig |
| *créer* | schaffen |
| *crêpe f.* | Palatschinke; Pfannkuchen |
| *crier* | schreien, schimpfen |
| *croire* | glauben |
| *croiser q.* | jem. über den Weg laufen |
| *cueillir* | sammeln, pflücken |
| *cuisine f.* | Küche |
| *faire la cuisine* | kochen |
| *cuit, -e* | gekocht |
| *curiosité f.* | Sehenswürdigkeit |
| *danger m.* | Gefahr |
| *davantage* | mehr |
| *de plus* | außerdem |
| *décider* | entscheiden |
| *décision f.* | Entscheidung |
| *déclarer* | erklären |
| *découragé, -e* | entmutigt |
| *découvrir* | entdecken |
| *déçu, -e (décevoir)* | enttäuscht |
| *défaut m.* | Fehler |
| *dégât m.* | Schaden |
| *dégoûter* | anwidern |
| *déguster* | kosten |
| *déjà* | schon |
| *délabré, -e* | baufällig |
| *délivrer* | ausliefern |
| *demander* | fragen, bitten; verlangen |
| *demeurer* | bleiben |
| *dénoncer* | anzeigen |
| *départ m.* | Abreise |
| *dépasser* | überschreiten |
| *dépêcher, se* | sich beeilen |
| *dépenser* | ausgeben |
| *déplaire* | missfallen |

| | |
|---|---|
| *depuis* | seit (Präposit.) |
| *depuis que* | seit (Konjunkt.) |
| *déranger* | stören |
| *dernier, -ière* | letzte(r) |
| *derrière* | hinter |
| *désagréable* | unangenehm |
| *désirer* | wünschen |
| *destination f.* | Ziel |
| *détester* | verabscheuen |
| *détourner* | ablenken |
| *devant* | vor |
| *devenir* | werden |
| *devoir* | müssen |
| *difficile* | schwierig |
| *dimanche m.* | Sonntag |
| *dîner* | zu Abend essen |
| *dire* | sagen |
| *diriger, se* | sich begeben |
| *disparaître* | verschwinden |
| *disposition f.* | Verfügung |
| *disputer, se* | streiten |
| *divorce m.* | Scheidung |
| *divorcer* | sich scheiden |
| *doigt de pied m.* | Zehe |
| *dormir* | schlafen |
| *douane f.* | Zoll |
| *douanier m.* | Zöllner |
| *doué, -e* | begabt |
| *douter* | zweifeln |
| *draconien, -ne* | sehr streng |
| *draguer* | „aufreißen" |
| *drapeau m.* | Fahne |
| *droit m.* | Recht |
| *droit* | geradewegs |
| *droite* | rechts |
| *du moins* | wenigstens |
| *duperie f.* | Betrug |
| *échapper* | entkommen |
| *échouer, s'* | stranden |
| *école f.* | Schule |
| *école maternelle* | Kindergarten |
| *écolier m.* | Schüler |
| *écouter* | zuhören |
| *écran m.* | Leinwand |
| *écrasé, -e* | zerdrückt |
| *écrevisse f.* | Krebs |
| *effrayé, e* | entsetzt |
| *élève m. f.* | Schüler, -in |
| *emblème m.* | Sinnbild |
| *embrasser, s'* | sich umarmen, küssen |
| *empêcher* | verhindern |
| *emporter* | mitnehmen |
| *en bas* | unten |
| *en face de* | gegenüber von |
| *enceinte* | schwanger |
| *enchanté, e* | entzückt |
| *encore* | noch |
| *encourager* | ermutigen |
| *endroit m.* | Platz |
| *énerver* | nerven |
| *enfance f.* | Kindheit |
| *enfin* | endlich |
| *enivrant* | berauschend |
| *ensemble* | gemeinsam |
| *entendre, s'* | sich verstehen |
| *entraider, s'* | einander helfen |
| *entraîner, s'* | trainieren |
| *entreprendre* | unternehmen |
| *entretenir, s'* | sich verstehen |
| *énumérer* | aufzählen |
| *environ* | ungefähr |
| *environnement m.* | Umwelt |
| *envoler, s'* | schwinden |
| *envoyer* | schicken |
| *expérience f.* | Erfahrung |
| *épinard m.* | Spinat |
| *épouser* | heiraten |
| *équiper* | ausrüsten |
| *équitation f.* | Reiten |
| *erreur f.* | Irrtum |
| *escalier m.* | Treppe |
| *escalope f.* | Schnitzel |
| *essayer de* | versuchen |
| *essentiel m.* | Wesentliches |
| *étage m.* | Stockwerk |
| *éteindre* | abdrehen |
| *étonner* | erstaunen |
| *étranger m.* | Ausland |
| *étranger, -ère* | fremd, seltsam |
| *être désolé, -e* | bedauern |
| *étudier* | studieren |
| *éventail m., en ..* | fächerförmig |
| *éviter* | verhindern |
| *exigeant, -e* | anspruchsvoll |
| *exiger* | fordern |
| *expliquer* | erklären |
| *explication f.* | Erklärung |
| *exposition f.* | Ausstellung |
| *fâché, -e* | verärgert |
| *faillir + Inf.* | beinahe, fast |
| *faire la queue* | sich anstellen |
| *fasciner* | faszinieren |
| *faux, fausse* | falsch |
| *faveur f.* | Gunst |
| *féminin, -e* | weiblich |
| *femme f.* | Frau |
| *ferme* | fest |
| *fêter* | feiern |
| *feu m.* | Feuer; Ampel |
| *fiancé m.* | Verlobter |
| *fier, fière de* | stolz auf |
| *fille f.* | Mädchen, Tochter |
| *fils m.* | Sohn |
| *fin f.* | Ende |
| *fléchette f.* | Pfeil |
| *fleur f.* | Blume |
| *fleuve f.* | Fluss |
| *fois f.* | Mal |
| *une fois* | einmal |
| *follement* | verrückt |
| *force f.* | Kraft |

| | |
|---|---|
| *forcément* | notwendigerweise |
| *forcer* | zwingen |
| *formule f.* | Formel |
| *fou, folle* | verrückt |
| *four m.* | Backofen |
| *freiner* | zügeln |
| *fréquenter* | besuchen |
| *fromage m.* | Käse |
| *fumer* | rauchen |
| *gagner* | verdienen; gewinnen |
| *galette f.* | Pfannkuchen |
| *garde du corps m.* | Leibwache |
| *garder* | behalten; aufpassen |
| *gare f.* | Bahnhof |
| *gauche* | links |
| *gâteau m.* | Kuchen |
| *géant, -e* | riesig |
| *gémir* | stöhnen |
| *gendre m.* | Schwiegersohn |
| *généreux, -se* | großzügig |
| *gentil, -le* | nett |
| *goûter* | kosten |
| *gronder q.* | mit jemandem schimpfen |
| *habitable* | bewohnbar |
| *habiter* | wohnen |
| *habituer à (s')* | gewöhnen an |
| *haut, -e* | hoch |
| *hériter de* | erben von |
| *hésiter* | zögern |
| *heureux, -se* | glücklich |
| *hier* | gestern |
| *identifier, s'* | sich identifizieren |
| *il y a* | es gibt; vor |
| *île f.* | Insel |
| *image f.* | Bild |
| *imaginer* | sich vorstellen |
| *impoli, -e* | unhöflich |
| *important* | wichtig |
| *importance f.* | Bedeutung; Wichtigkeit |
| *impression f.* | Eindruck |
| *impressionner* | beeindrucken |
| *inadmissible* | unzulässig |
| *inciter* | drängen |
| *inconnu, -e* | unbekannt |
| *influencer* | beeinflussen |
| *injuste* | ungerecht |
| *innocent, -.e* | unschuldig |
| *inquiet, -iète* | beunruhigt |
| *inquiéter, s'* | sich sorgen |
| *installer, s'* | sich niederlassen |
| *instant m.* | Moment |
| *institutrice f.* | Lehrerin |
| *instruction f.* | Anweisung |
| *insulter* | beleidigen |
| *intention f.* | Absicht |
| *interdire* | verbieten |
| *intérieur m.* | Inneres |
| *inviter* | einladen |
| *ivre* | betrunken |
| *jamais* | jemals |
| *jardin m.* | Garten |
| *jaune* | gelb |
| *jeter* | werfen |
| *jeu m.* | Spiel |
| *jeune* | jung |
| *jeunesse f.* | Jugend |
| *jouer* | spielen |
| *juin m.* | Juni |
| *jurer* | schwören |
| *jusque* | bis |
| *jusqu'à ce que* | bis (Konjunktion) |
| *justement* | gerade, eben |
| *laisser* | lassen |
| *lait m.* | Milch |
| *lancer* | werfen |
| *langoureux, -se* | schmachtend |
| *large* | groß, weit |
| *las, -se* | überdrüssig |
| *lavande f.* | Lavendel |
| *le long de* | entlang |
| *le mieux* | am besten |
| *leçon de code et de conduite* | Fahr- und Theoriestunde |
| *lecture f.* | Lektüre |
| *lendemain m.* | nächster Tag |
| *lever, se* | aufstehen |
| *lire* | lesen |
| *lis m.* | Lilie |
| *livre m.* | Buch |
| *loin* | weit entfernt |
| *longtemps* | lange |
| *louer* | loben |
| *lourd, -e* | schwer |
| *lumière f.* | Licht |
| *lutter* | kämpfen |
| *magique* | magisch |
| *magnifique* | herrlich |
| *main f.* | Hand |
| *maîtriser* | beherrschen |
| *malade* | krank |
| *maladie f.* | Krankheit |
| *malgré* | trotz |
| *malin, -igne* | schlau |
| *Manche f.* | Ärmelkanal |
| *manger* | essen |
| *manière f.* | Art |
| *manifestation f.* | Demonstration |
| *marcher* | funktionieren; marschieren |
| *mari m.* | Ehemann |
| *marier* | heiraten |
| *mec m.* | Typ (ugs.) |
| *méchant, -e* | böse |
| *meduse f.* | Qualle |
| *méfier, se* | misstrauen |
| *meilleur, -e* | besser |
| *mêler, se* | sich einmischen |
| *même* | selbst |
| *. . . moi-même* | ich selbst |
| *ménage m.* | Haushalt |

| | |
|---|---|
| *mener* | führen |
| *mentir* | lügen |
| *menuisier m.* | Tischler |
| *mer f.* | Meer |
| *merde f.* | Scheiße |
| *mesure f.* | Maßnahme |
| *mesurer* | messen |
| *metteur en scène m.* | Regisseur |
| *mettre ses pieds dans le plat* | ins Fettnäpfchen treten |
| *mettre, se* | beginnen |
| *mignon, -ne* | herzig |
| *minuit m.* | Mitternacht |
| *moche* | hässlich |
| *mois m.* | Monat |
| *monde m.* | Welt |
| *moniteur m.* | Fahrlehrer |
| *montagne f.* | Berg |
| *monter* | hinaufgehen; einsteigen |
| *montre f.* | Uhr |
| *montrer* | zeigen |
| *moquer, se* | sich lustig machen |
| *mort, -e* | gestorben |
| *mot m.* | Wort |
| *mourir* | sterben |
| *moyen m.* | Mittel |
| *muet, -te* | stumm |
| *musée m.* | Museum |
| *musicien m.* | Musiker |
| *né, e* | geboren |
| *nid m.* | Nest |
| *noir, -e* | schwarz |
| *nom m.* | Name |
| *nombreux, -se* | zahlreich |
| *nouveau, nouvel nouvelle* | neu |
| *objet m.* | Gegenstand |
| *obliger* | verpflichten |
| *obscur, -e* | dunkel; unbekannt |
| *observer* | beobachten |
| *obtenir* | erhalten |
| *occasion f.* | Gelegenheit |
| *occuper de, s'* | sich kümmern |
| *oeuvre f.* | Werk |
| *offert, -e* | angeboten |
| *or m.* | Gold |
| *ordinateur m.* | Computer |
| *ordonner* | befehlen |
| *oser* | wagen |
| *ou* | oder |
| *où* | wo |
| *oublier* | vergessen |
| *paix f.* | Friede |
| *pané, -e* | paniert |
| *panneau m.* | Falle |
| *par ailleurs* | außerdem |
| *par* | von, durch |
| *paraître* | erscheinen |
| *parc m.* | Park |
| *parfait, -e* | perfekt |
| *parfois* | manchmal |
| *parmi* | zwischen |
| *parole f.* | Wort, Rede |
| *partager* | teilen |
| *partenaire m. f.* | Partner |
| *participer* | teilnehmen |
| *partir* | wegfahren |
| *paru, -e (paraître)* | erschienen |
| *pas m.* | Schritt |
| *passeport m.* | Reisepass |
| *passer* | verbringen; vorbeigehen |
| *passer, se* | passieren |
| *passionner, se* | sich begeistern |
| *patient, -e* | geduldig |
| *pauvre* | arm |
| *payer* | zahlen |
| *pays m.* | Land |
| *peindre* | malen |
| *peintre m.* | Maler |
| *pendant que* | während |
| *penser* | denken |
| *perdre de vue* | aus den Augen verlieren |
| *permettre* | erlauben |
| *permis de conduire m.* | Führerschein |
| *persuader* | überzeugen |
| *petit coup m.* | „ein Gläschen" |
| *petit, -e* | klein |
| *petit(e) amie(e)* | Freund(in) |
| *peu* | wenig |
| *pièce f.* | Stück |
| *pilule f.* | Pille |
| *piscine f.* | Schwimmbad |
| *plage f.* | Strand |
| *plaindre de, se* | sich beklagen über |
| *plaire* | gefallen |
| *plaisantin m.* | Witzbold |
| *plaisir m.* | Vergnügen |
| *pleurer* | weinen |
| *pleuvoir* | regnen |
| *poème m.* | Gedicht |
| *point de vue m.* | Standpunkt |
| *pôle m.* | Pol |
| *poli, -e* | höflich |
| *pollution f.* | Verschmutzung |
| *pont m.* | Brücke |
| *portable* | tragbar |
| *porte f.* | Tür |
| *porter* | tragen |
| *poser* | stellen |
| *posséder* | besitzen |
| *poubelle f.* | Mistkübel |
| *poupée f.* | Puppe |
| *pour* | für |
| *pourquoi* | warum |
| *pourtant* | dennoch |
| *pourvu que* | vorausgesetzt dass |
| *pousser* | drängen |
| *pouvoir* | können |
| *précieux, -se* | wertvoll |

| | |
|---|---|
| *préférer* | vorziehen |
| *prendre* | nehmen |
| *préparer* | vorbereiten |
| *près de* | neben |
| *présenter* | vorstellen |
| *presque* | beinahe |
| *prêt, -e* | bereit |
| *prétendre* | vorgeben |
| *prétentieux, -se* | eingebildet |
| *prétexte m.* | Vorwand |
| *prévenir* | verständigen; warnen |
| *prévoir* | vorhersehen |
| *printemps m.* | Frühling |
| *prison f.* | Gefängnis |
| *prix m.* | Preis |
| *prochain, -e* | nächste(r) |
| *profiter de* | profitieren von |
| *projet m.* | Projekt, Plan |
| *projeter* | projizieren |
| *promenade f.* | Spaziergang |
| *promener, se* | spazierengehen |
| *promettre* | versprechen |
| *prononciation f.* | Aussprache |
| *proposer* | vorschlagen |
| *propre* | geeignet; sauber |
| *propriétaire m.* | Besitzer |
| *protéger, se* | sich schützen |
| *prudent, -e* | vorsichtig |
| *publicité f.* | Werbung |
| (Abkürzung: *pub*) | |
| *quart m.* | Viertel |
| *quartier m.* | Viertel |
| *question f.* | Frage |
| *quitter* | verlassen |
| *quoique* | obwohl |
| *raconter* | erzählen |
| *raison f.* | Grund |
| *randonnée f.* | Spaziergang |
| *ranger* | aufräumen |
| *rappeler qch.* | erinnern an |
| *rapporter* | mitbringen |
| *rare* | selten |
| *rasoir m.* | Rasierapparat |
| *ratatouille f.* | Gemüseeintopf |
| *rater* | versäumen |
| *ravi, -e* | entzückt |
| *ravissant, -e* | entzückend |
| *réagir* | reagieren |
| *recevoir* | erhalten |
| *recommander* | empfehlen |
| *reconnaître* | erkennen |
| *redouter* | bezweifeln |
| *référence f.* | Bezugnahme |
| *réfléchir* | nachdenken |
| *refuser* | ablehnen |
| *régaler, se* | sich schmecken lassen |
| *regard m.* | Blick |
| *regarder* | betrachten |
| *règle f.* | Regel |
| *regretter* | bedauern |
| *relativité f.* | Relativität |
| *remarquable* | merkenswert |
| *remarque f.* | Bemerkung |
| *remercier q.* | jem. danken |
| *remettre* | verschieben |
| *remplire* | an-, ausfüllen |
| *remporter le prix* | den Preis gewinnen |
| *rencontrer* | treffen |
| *rendre compte, se* | sich klar werden |
| *rendre visite* | besuchen |
| *rendre, se* | sich begeben |
| *rentrer* | heimkehren |
| *renverser* | umwerfen |
| *repas m.* | Mahlzeit |
| *repérer* | auffinden |
| *répondre à* | antworten |
| *réponse f.* | Antwort |
| *reposer, se* | sich ausruhen |
| *réputation f.* | Ruf |
| *résoudre* | lösen |
| *respirer* | atmen |
| *rester* | bleiben |
| *retard m.* | Verspätung |
| *être en retard* | verspätet sein |
| *retour m.* | Rückkehr |
| *retourner* | heimgehen, zurückkehren |
| *réunion f.* | Versammlung |
| *réussir* | Erfolg haben |
| *rêve m.* | Traum |
| *rêver* | träumen |
| *réviser* | wiederholen |
| *revoir* | wiedersehen |
| *riche* | reich |
| *rigoler* | scherzen |
| *rire m.* | Lachen |
| *risquer* | riskieren |
| *rougir* | erröten |
| *route f.* | Strecke |
| *royauté f.* | Königreich |
| *rue f.* | Straße |
| *sage* | brav |
| *sain, -e* | gesund |
| *salaire m.* | Lohn |
| *salle de bains f.* | Badezimmer |
| *sans cesse* | ununterbrochen |
| *sans* | ohne |
| *sans que* | ohne dass |
| *sarrasin m.* | Buchweizen |
| *satisfaire* | befriedigen |
| *satisfait, -e* | zufrieden |
| *sauvegarde f.* | Schutz |
| *sauver* | retten |
| *savoir* | wissen |
| *scooter m.* | Motorroller |
| *séduisant* | verführerisch |
| *semaine f.* | Woche |
| *sentir* | fühlen |
| *sérieux, -se* | ernst |
| *serveuse f.* | Kellnerin |

| | |
|---|---|
| *servir* | servieren |
| *servir, se* | sich bedienen |
| *seul, -e* | einzig, allein |
| *si* | so; ob |
| *Sida m.* | Aids |
| *simple* | einfach |
| *sincère* | aufrichtig |
| *soir m.* | Abend |
| *soleil m.* | Sonne |
| *solution f.* | Lösung |
| *sombre* | dunkel |
| *somme f.* | Summe |
| *sonner* | läuten |
| *Sorbonne f.* | Sorbonne (Uni von Paris) |
| *sortir* | ausgehen; herausnehmen |
| *souffrir* | gestatten; leiden |
| *souffrir de* | leiden an |
| *souhaiter* | wünschen |
| *soulagé, -e* | erleichtert |
| *soumettre* | unterwerfen |
| *sournois, -e* | heimtückisch |
| *sous* | unter |
| *souvenir de, se* | sich erinnern an |
| *souvent* | oft |
| *spécialité f.* | Spezialität |
| *sphère f.* | Kugel |
| *splendide* | herrlich |
| *studieux, -se* | strebsam |
| *stylo m.* | Stift |
| *succès m.* | Erfolg |
| *sucre m.* | Zucker |
| *suffir* | reichen |
| *suggérer* | vorschlagen |
| *suivre* | folgen |
| *supplémentaire* | zusätzlich |
| *supporter* | ertragen |
| *sur* | über |
| *sûr, -e* | sicher |
| *surpeuplé, e* | überbevölkert |
| *surprendre* | überraschen |
| *surpris, -e* | überrascht |
| *surveiller* | bewachen |
| *tableau m.* | Bild |
| *taille f.* | Größe |
| *taire, se* | schweigen |
| *tant de* | so viel(e) |
| *tapis m.* | Teppich |
| *tard* | spät |
| *tas m.* | Haufen |
| *tel, -le* | solcher, solche |
| *tellement* | so |
| *temps m.* | Zeit; Wetter |
| *tenir* | halten |
| *tenir tête à q.* | jem. die Stirn bieten |
| *terrain m.* | Grundstück |
| *terre f.* | Erde |
| *timbre m.* | Briefmarke |
| *timide* | schüchtern |
| *timidité f.* | Schüchternheit |
| *tiroir m.* | Schublade |
| *toile f.* | Leinwand, Bild, Gemälde |
| *toit m.* | Dach |
| *tolérer* | tolerieren |
| *tomber amoureux* | sich verlieben |
| *tomber* | fallen |
| *tondeuse à gazon f.* | Rasenmäher |
| *touché, e* | be-, getroffen |
| *toucher* | berühren |
| *toujours* | immer |
| *tour f.* | Turm |
| *tour m.* | Tour |
| *tout à fait* | ganz und gar |
| *toutefois* | jedenfalls |
| *traiter* | behandeln |
| *trajet m.* | Weg |
| *transporter* | befördern |
| *travail m.* | Arbeit |
| *très* | sehr |
| *triangle m.* | Dreieck |
| *tricher* | schwindeln |
| *tricolore* | dreifarbig |
| *triste* | traurig |
| *trou m.* | Loch |
| *trouver* | finden |
| *trouver, se* | sich befinden |
| *tutoyer* | duzen |
| *utile* | nützlich |
| *utiliser* | verwenden |
| *vacances f.pl* | Ferien |
| *vachement (ugs.)* | „total" |
| *valable* | gültig |
| *valoir* | wert sein |
| *vase m.* | Vase |
| *véhicule m.* | Fahrzeug |
| *vendre* | verkaufen |
| *venir* | kommen |
| *vent* | Wind |
| *ver m.* | Wurm |
| *vérité f.* | Wahrheit |
| *verre m.* | Glas |
| *viande f.* | Fleisch |
| *videur m.* | Hinausschmeißer |
| *vie f.* | Leben |
| *vieux, vieil, vieille* | alt |
| *vigilant, -e* | wachsam |
| *vite* | rasch |
| *vitesse f.* | Geschwindigkeit |
| *vitrine f.* | Schaufenster |
| *vivre* | leben |
| *voir* | sehen |
| *voisin(e) m.(f)* | Nachbar(in) |
| *voisin, -e* | benachbart |
| *voix f.* | Stimme |
| *voler* | stehlen; fliegen |
| *voyage m.* | Reise |
| *voyager* | reisen |
| *vrai, -e* | wirklich |
| *vraiment (adv.)* | wirklich |
| *yeux m.pl.* | Augen |

# DURCHSTARTEN

**Durchstarten in Englisch**
**Hörverständnis-Training mit Audio-CD**

für die 5. Schulstufe
ISBN 3-7058-5332-5
für die 6. Schulstufe
ISBN 3-7058-5398-8
für die 7. Schulstufe
ISBN 3-7058-5360-0
für die 8. Schulstufe
ISBN 3-7058-5525-5

**Durchstarten in English Grammar**

für die 5.-8. Schulstufe
ISBN 3-7058-5308-2

**Durchstarten in Englisch**

für die 5. Schulstufe
ISBN 3-7058-5151-9
für die 6. Schulstufe
ISBN 3-7058-5152-7
für die 7. Schulstufe
ISBN 3-7058-5153-5
für die 8. Schulstufe
ISBN 3-7058-5162-4

**Durchstarten in Italienisch**

für das 1. Lernjahr
ISBN 3-7058-5421-6

**Durchstarten in Französisch**

für das 1. Lernjahr
ISBN 3-7058-5167-5
für das 2. Lernjahr
Teil A: Adjektiv, Adverb und Hervorhebung von Satzteilen
ISBN 3-7058-5168-3
Teil B: Verb, Bindungsgefüge und indirekte Rede
ISBN 3-7058-5169-1
für das 3. Lernjahr
ISBN 3-7058-5148-9
für das 4. Lernjahr
ISBN 3-7058-5296-5

# STICHWORTVERZEICHNIS